Aux Editions Alain Bargain :

ENQUÊTES & SUSPENSE®

Dans la collection
***ENQUÊTES ET SUSPENSE** :*

- Le Crabe	*Michèle Corfdir*
- Colin-maillard à Ouessant	*Françoise Le Mer*
- La Java des Voyous - Les Castrats de Bombay - Requiem sur le Campus	*Michel Renouard*
- Le Bon, la Brute et le Notaire - Le Fils du Tigre	*Luc Calvez*
- Stress - Le Faiseur d'Anges	*André Grall*
- Qui voit Groix voit sa Croix - Qui voit Sein voit sa Fin - Qui voit Ouessant voit son Sang - Qui voit Molène voit sa Peine - Qui voit Belle-Île voit son île	*Jean-Christophe Pinpin* *(à paraître)* *(à paraître)* *(à paraître)*
- Secret Mortel	*Philippe Randa*
- Le Kabyle de l'Ouest - Les Forces du Mal	*Bernard Gouritin*
- Une Retraite pas très Spirituelle	*Yves Horeau*
- Banc Public	*Bernard Fischbach*

A découvrir :

Notre nouvelle collection "MAUREEN"

Autre roman policier :

- Meurtre au Présidial	*Agnès Audibert*

Filouteries
en Côtes d'Armor

Bruno SEGALOTTI

Filouteries
en Côtes d'Armor

(B12 option 1)

Collection

ENQUÊTES & SUSPENSE

Quadri Signe - Editions Alain Bargain
125, Vieille Route de Rosporden - 29000 Quimper

NOTES

A celles et ceux qui comptent.

A Nathalie et à David pour leurs patiences bienveillantes.

A Jean-Claude, trop vite disparu.

Les faits relatés ci-après relèvent de la pure fiction et sortent tout droit de mon imagination. Par contre, au cours de mon parcours professionnel, je ne nie pas avoir rencontré certaines personnes dont je me suis inspiré très librement pour les besoins de cette histoire.

Le terme « B12 » signifie dans la terminologie bancaire « bon de caisse », à savoir un placement émis pour une durée d'un an. Sur le formulaire de remboursement de ce bon, le client qui demande l'option « 1 » se verra rembourser ses intérêts en brut, la totalité de ceux-ci devant donc être déclarés au fisc.

I

100, 2…

L'avantage (ou l'inconvénient selon l'humeur du moment) avec les balances à affichage à cristaux liquides, c'est que l'on a beau se pencher dessus dans tous les sens, elle ne variera pas d'un pouce. Or, c'était la première fois que Loïc Coatascorn voyait un nombre à trois chiffres avant la virgule s'afficher sous son poids. « Sale gros ! » murmura-t-il. Il leva les bras devant la glace, en affichant un air de défi comme ces boxeurs un peu « has been » qui cherchent encore à impressionner les journalistes en descendant de la pesée, mais il n'avait que le silence de sa salle de bains de son petit appartement à prendre à témoin. Certes, quand on mesure 1 m 87, il s'agissait encore d'un poids tout à fait convenable pour sa taille et un minimum d'efforts lui aurait permis d'effacer ce surplus. Seulement voilà, il ne voyait pas la moindre nécessité de s'imposer ce type de contrariété. Au contraire, il éprouvait comme un mélange de dégoût et de satisfaction malsaine, une sorte de plaisir un peu pervers et masochiste à voir sa silhouette s'épaissir, perdre progressivement toute séduction.

En ce dimanche, la pluie était encore au rendez-vous, tombant sans interruption sur Saint-Brieuc comme depuis déjà plusieurs jours. Un vrai temps à rester chez soi.

Loïc décida malgré tout de se raser, histoire de se sentir un peu plus propre. C'était plutôt inhabituel de sa part car il adorait se négliger le week-end. Tout en attendant tranquillement que l'eau chaude veuille bien se manifester, il pensa encore à Chloé. Depuis qu'elle était partie, il avait beaucoup pensé à elle et, après avoir beaucoup souffert, il n'avait désormais pas le courage ni l'envie d'envisager de la remplacer. Elle avait emmené avec elle désir, fantasmes, tendresse, curiosité, passion, complicité, bref les ingrédients indispensables à la conception de l'amour au quotidien.

Ce qui le rendait le plus amer, c'est qu'il se sentait maintenant tout à fait capable de résumer leurs quatre années de vie commune en quelques phrases. Une grande histoire d'amour comme tant d'autres avec un début et une fin. Il avait d'abord été attiré par son côté méditerranéen, yeux sombres, lourde chevelure brune et grandes boucles d'oreille. Le portrait craché de Gina Lollobrigida « Tu sais, quand elle jouait Esmeralda dans Notre Dame de Paris » déclara-t-il à son reflet dans la glace un peu poussiéreuse. Le coup de foudre dès le premier regard. Il avait tout de suite adoré sa silhouette, ses longues jambes, et ses courbes pleines. Chloé Astarac était secrétaire commerciale dans une boîte de pub, et son job lui conférait une certaine assurance, à la limite de l'effronterie. Il l'avait rencontrée un jour par hasard en se promenant à la Foire Exposition de Saint-Brieuc où, jeune stagiaire, elle tenait pendant toute la semaine un stand pour le compte de son entreprise. Il était passé devant elle à plusieurs reprises et ce tous les soirs de la semaine sans savoir comment l'aborder. « De toutes façons, belle comme elle est, tous les mecs de la foire doivent lui tourner autour. J'ai beau me faire discret comme un camion de pompiers, je ne suis même pas sûr qu'elle m'ait remarqué ».

Loïc se trompait. Chloé s'était parfaitement rendu compte de l'effet qu'elle produisait sur ce grand brun à l'air un peu gauche, et elle le trouvait tout à fait à son goût avec son sourire timide et son bouc bien taillé, genre Luc Alphand. Elle s'amusait beaucoup de le voir passer et repasser devant le stand, le nez dans un catalogue ou le regard en l'air. Le samedi, alors que les portes de la foire n'allaient pas tarder à fermer, il n'avait pas progressé d'un pouce. Elle se décida de brusquer un peu les choses et l'apostropha, alors qu'il faisait mine de s'intéresser de très près à la décoration du stand voisin :

— Monsieur, s'il vous plaît ?

— Oui ? fit Loïc tout ahuri d'entendre ainsi pour

la première fois la voix de l'objet de sa tendre convoitise.

— Je suis bien embêtée. Un collègue de l'agence devait passer m'aider à ramener le matériel du stand. J'ai bien peur qu'il m'ait oubliée. Cela vous dérangerait de me donner un petit coup de main pour charger tout cela dans ma voiture ?

— Au contraire. Ce sera un plaisir.

Loïc n'apprit que bien plus tard qu'il n'y avait en fait pas de collègue de travail, et que le prétexte du chargement était des plus fantaisistes Il n'empêche qu'il s'exécuta avec plaisir, réussit dans la conversation à apprendre qu'elle s'appelait Chloé et obtint un sourire éclatant quand il lui répondit du tac au tac « n'avoir jamais regretté autant qu'aujourd'hui de ne pas s'appeler Colin ». Apparemment, Boris Vian faisait ou avait fait partie de ses lectures. Ce premier signe d'encouragement lui donna le courage d'oser l'inviter à manger et elle ne fit même pas semblant d'hésiter.

La suite de la soirée était passée bien trop vite à son goût. Loïc avait découvert Chloé. 23 ans comme lui, elle sortait d'une grande école de commerce à Rennes et elle était en train de terminer son stage préliminaire dans son entreprise, qui constituait en fait son premier boulot. Elle adorait les fringues bariolées genre gitane et se passionnait pour le tennis en général et pour l'élégance de Stéfan Edberg en particulier. Loïc n'osa pas lui demander si elle était célibataire, mais là encore elle devança ses hésitations.

— Je pense que tu ne vas pas tarder à me demander si je vis seule ou si, de façon plus générale, j'ai quelqu'un dans ma vie. Je vais être franche : je n'ai jamais eu encore envie de m'attacher à qui que ce soit. Pour moi, les mecs, cela va rarement au-delà de la soirée ou d'une ou deux semaines. Je pense tout simplement que je n'ai pas encore rencontré celui qui me fera réellement vibrer. Voilà, j'ai répondu à la question que tu ne m'as pas encore posée ?

Loïc Coatascorn, sentant le rouge lui monter jusqu'aux oreilles, piqua du nez dans ses tagliatelles au saumon. Il était partagé entre la colère d'être mis au pied du mur et l'excitation du défi qu'il avait à relever. Il savait que les quelques mots qu'il se devait de prononcer maintenant allaient s'avérer déterminants pour la suite de leur relation.

Il se lança à l'eau et décida de jouer la franchise.

— Tu as raison. Cette question me brûlait les lèvres depuis que tu m'as adressé la parole et ta réponse est celle que j'attendais. Tu me fascines et ce que je découvre en toi ce soir me plaît énormément. Une soirée, un mois, un an, toute la vie ? Je n'ai aucune envie de me fixer la moindre limite. Je ne suis pas un héros, j'ai horreur du tape à l'œil, ma voiture est une vraie poubelle et mon plus beau costard ne vient pas de chez Versace, mais de chez Carrefour au moment des soldes de Janvier. Mais j'ai envie que quelque chose de fort se passe entre nous et je suis prêt à tout envisager.

La petite lueur qui venait de s'allumer dans les yeux de Chloé lui prouva que sa tirade ne la laissait pas indifférente. Le reste de la soirée se passa entre les éclats de rire, les regards complices et les gestes qui s'attendrissaient. Comme ils avaient pris la Mini Moke de Chloé, c'est elle qui le raccompagna chez lui, dans son petit F2 de la rue Voltaire. Le moteur coupé, il n'eut même pas le temps de lui proposer de monter pour prendre le rituel dernier verre. Le regard de la jeune fille se fit éloquent en même temps qu'elle posait la main sur sa cuisse. La rue était déserte et très mal éclairée. Ils firent l'amour très tendrement, même si l'exiguïté des lieux nécessitait certaines acrobaties car les Minis ne sont pas réputées pour offrir toutes les garanties de confort en la matière. Elle ne voulut pas monter dormir chez lui « j'aime dormir seule… pour l'instant » et le quitta avec un sourire éblouissant.

Quelques semaines plus tard, après plusieurs rencontres toutes aussi romantiques les unes que les autres, elle le surprit une nouvelle fois. Cela faisait à peine une heure qu'il l'avait quittée au téléphone et il s'était moqué de ses petites manies de célibataire endurcie, lui pariant même qu'elle n'était pas prête avant plusieurs années à venir vivre un jour avec lui.

Comme il sortait de sa douche, la sonnette retentit. Dans l'encadrement de la porte, Chloé le regardait avec un petit sourire de défi, une mallette de toilette dans une main et un volumineux sac de voyage dans l'autre.

— Tu vas rester longtemps à me regarder ainsi ? Écarte-toi et laisse passer la vieille célibataire maniaque !

Loïc, ravi, s'exécuta. Ils passèrent le reste de la soirée à faire des allers-retours entre leurs appartements respectifs pour terminer le déménagement de Chloé et, dès le lendemain, elle résiliait son bail et s'installait définitivement chez Loïc.

Tout démarrait comme un conte de fées. Loïc travaillait déjà depuis deux ans à la Banque Costarmoricaine, ce qui leur faisait deux salaires convenables et leur permettait de s'offrir à peu près ce dont ils rêvaient l'un et l'autre. Les premiers mois qui suivirent ces premières rencontres furent inoubliables. Loïc était fou amoureux de Chloé, de cette passion exclusive et jalouse qui occulte toute objectivité. L'un et l'autre ne vivaient plus que pour le prochain moment qu'il allaient passer ensemble. Ils ne tenaient pas en place, et les parties de tennis acharnées, les soirées ciné-restau, les week-ends en amoureux se succédaient les uns aux autres. Chloé n'étant pas ce que l'on appelle un cordon bleu, ils se retrouvaient fréquemment le soir dans la chaleureuse ambiance de la « Brasserie du Champ de Mers ». Leurs corps n'arrivaient pas à se rassasier l'un de l'autre et ils faisaient l'amour comme des fous, n'importe où, le plus souvent possible, goûtant sans réserve à ce délicieux frisson que constitue la crainte de se voir découverts. Cela faillit même tourner au vinaigre un soir, quand ils se firent surprendre sur la plage de Binic dans une position ne laissant subsister aucun doute sur la nature de l'activité qu'ils étaient en train de pratiquer. Chloé usa de tout son charme (ce qui n'était pas négligeable !) auprès des gendarmes mi-bougons, mi-égrillards, et ils échappèrent de justesse au procès-verbal, s'en tirant avec le légendaire « Ça ira pour cette fois, mais n'y revenez pas ». Par pure provocation, ils revinrent au même endroit dès le soir suivant recommencer ce que l'on ne leur avait pas laissé le temps de terminer. Le cri de plaisir de Chloé, au moment où la jouissance l'emporta, domina le bruit de la marée montante.

Chloé et Loïc vivaient ce qu'on peut appeler le grand amour avec un « A » majuscule. Qui aurait pu croire qu'ils allaient tout gâcher en l'espace de quelques mois ? Ce fut pourtant la cruelle vérité. En fait, ils s'avérèrent incapables de passer de la période d'euphorie des premiers mois à une phase plus tranquille, plus rangée et plus harmonieuse, signe caractéristique des couples qui durent. L'un comme l'autre n'arrivaient pas à se faire à l'idée que la passion est généralcment une notion évolutive.

Ce qui se produit généralement dans les couples qui ne savent pas se renouveler n'allait pas les épargner, à savoir que l'ennui allait progressivement s'installer. A force de se montrer large d'idées sur les fréquentations de l'autre, c'est leur vie commune qui en fit les frais, se diluant progressivement dans l'indifférence. Toute l'énergie de Chloé se consumait dans son travail et à l'extérieur, faire les magasins et aller boire le café chez les unes et chez les autres. Loïc qui s'efforçait de rentrer tôt tuait le temps devant la télé, une pizza à moitié refroidie et une bière sur la table du salon. Dans ce type de situation, les éclats de voix sont souvent les bienvenus, car ils permettent d'éclaircir les malentendus. Mais pas plus Chloé que Loïc n'étaient faits pour les coups de gueule et les explications franches, et ce sont les silences et la rancœur qui s'installèrent.

Bien sûr, avec un enfant, cela aurait pu changer bien des choses. Au début, tacitement, ils n'eurent pas envie de sacrifier leur confort et puis, après, ni l'un ni l'autre n'osa plus aborder le sujet. Les années passant, quand ils commencèrent à y penser chacun de leur côté, ils arrivèrent à la même conclusion : il n'y avait plus entre eux de lien assez fort pour aborder ne serait-ce que le sujet. Leur séparation ne traîna pas plus que leur rencontre. Chacun vivant désormais dans sa sphère, un accord fut vite trouvé, le partage des rares meubles achetés en commun vite décidé, et Chloé Astarac sortit de sa vie.

Tout ceci se passa sans le moindre éclat de voix, presque trop facilement. Loïc, avec le recul, avait l'impression que leur relation s'était consumée tellement vite que toute forme de haine n'avait même pas eu le temps de s'enraciner en eux.

Chloé était partie pour Paris très rapidement après leur séparation et Loïc était sûr qu'elle n'aurait aucun problème à trouver rapidement une nouvelle orientation à sa carrière professionnelle. « avec un physique pareil, elle se ferait embaucher, même si elle était sourde-muette. Elle n'a qu'à mettre sa minijupe en cuir, les contrats vont tomber » grinça-t-il. Elle au moins avait réagi rapidement.

Lui n'avait rien changé à son mode de vie, il y avait juste Chloé en moins, c'est tout. Il n'avait pas depuis elle tenu d'autres femmes dans ses bras et ne se sentait pas le courage de franchir le pas. L'envie, ça ne se fabrique pas. Il se surprenait même à baisser les yeux le premier quand il croisait le regard d'une personne du sexe opposé. En ce moment, il n'y avait de place pour quiconque.

Loïc termina rapidement sa toilette en s'aspergeant négligemment d'eau de Cologne et quitta la minuscule salle de bains. En ce dimanche matin, il n'avait rien de particulier à faire et décida que son repas du midi serait composé, comme souvent, de pâtes, de jambon et d'œufs sur le plat. S'étant servi un verre de Glenfidish sec, il s'assit un instant dans son fauteuil. L'alcool chez lui était petit à petit en train de devenir son compagnon de solitude. Pas l'alcool que l'on absorbe sans modération un soir de fête, mais plutôt celui que vous buvez seul chez vous de plus en plus régulièrement, un peu comme une sorte de maladie qui ne veut pas encore dire son nom « A partir de quel âge devient-on poivrot ? ».

Contemplant un instant le canapé en face du fauteuil, il eut une sorte de sourire un peu crispé en repensant aux poses lascives que Chloé prenait en faisant mine de ne pas s'en rendre compte. « Chienne de vie ! »

Cette déception n'avait pas fondamentalement modifié le cours de sa vie. Ce n'était pas la première fois, ce ne serait pas la dernière. Loïc correspondait en fait, tout à fait, à l'image que l'on se fait de certains surdoués aux immenses capacités, extrêmement forts sur les grandes théories abstraites, mais incapables de faire face aux difficultés concrètes du quotidien. Aussi loin qu'il pouvait revenir sur son passé, et Dieu sait si sa mémoire était performante, il ne se rappelait pas avoir réussi quelque chose de franchement concret.

Tout partait pourtant sur de bonnes bases. Il avait vécu une enfance heureuse et équilibrée à

Saint-Brieuc, passant des heures interminables dans la vieille librairie familiale de la rue maréchal Foch à faire ses provisions de rêve. Ses parents lui foutaient une paix royale, partant du principe :

« Tous les moyens nécessaires sont à ta disposition pour réussir, à toi d'en faire bon usage, mon garçon ».

La méthode porta ses fruits et ses études s'annonçaient brillantes. Sans être jamais le meilleur sauf en littérature où il se promenait, il se situa dans le peloton de tête des différentes classes qui l'accueillirent. Allergique aux maths modernes qui avaient fait leur désastreuse apparition dans le milieu des années 70, il se rattrapait grâce à un amour immodéré du sport et de la lecture. Élève studieux mais sans excès, il était de ceux que l'on n'entendait pas très souvent. Sa timidité d'adolescent le tenait à l'écart des premières boums qui fleurissaient avec les débuts du disco. Le livre qui se cachait au fond de la poche de son treillis kaki (incontournable à l'époque comme la sempiternelle besace US qui allait avec) était souvent son seul compagnon de loisir, mais il n'en avait cure. Bercé par Téléphone (« Donne moi… un peu de ton amour ») et Starshooter et la vague de rock français qui déferlait à partir des années 78.79, ses rêves de l'époque étaient encore conformistes.

Après un bac obtenu au Lycée Ernest Renan sans le moindre problème et avec mention, il entama des études de Droit à l'Université de Rennes qui se passèrent le mieux du monde, du moins au début. Il était largement au-dessus du lot du niveau universitaire moyen et il impressionnait ses camarades de la Cité Universitaire par son aisance à comprendre les raisonnements les plus complexes. Il se désintéressa assez vite du train-train quotidien des cours magistraux et des travaux dirigés dispensés par des assistants besogneux. Son absentéisme fit que ses premiers résultats furent en dents de scie.

Et puis, il faut bien dire que la vie estudiantine des années 80 offrait tout un éventail de distractions, pas toujours compatible avec le suivi classique des études universitaires. On était en 81, le Président Mitterrand, entre l'abolition de la peine de mort et le relèvement du SMIC, venait d'autoriser les radios « libres », et Étienne Daho avec « Le grand sommeil » et « Week-end à Rome » régnait en maître sur les programmations musicales des soirées étudiants. La vie était belle, le SIDA n'existait pas encore et n'allait commencer à faire peur que quelques années plus tard.

Il profita également de son séjour à Rennes pour concrétiser quelque chose en athlétisme. Ayant tâté de plusieurs sports, il s'était finalement arrêté vers 13-14 ans sur l'athlé et son côté farouchement individuel. Ce furent les haies vers lesquelles il se dirigea. Cela lui convenait, et il se persuada rapidement qu'il pouvait faire un « truc » sur 400 m haies. Il lui manquait juste un déclic, et il était sûr que, bien pris en main, il allait faire des étincelles. « Edwin Moses (le triple champion olympique de la spécialité) n'avait qu'à bien se tenir. C'est donc avec empressement qu'il se plia à un programme d'entraînement sévère proposé par ses nouveaux dirigeants, mais très vite sa nonchalance et son fatalisme naturel allaient reprendre le dessus. Il commença par manquer une séance de temps en temps, puis il fit une croix sur la plus grande partie du programme « musculation » qu'il trouvait par trop rébarbatif. Ne misant que sur ses qualités naturelles (« Je n'ai pas besoin de tout ça pour y arriver » s'auto-persuadait-t-il), il réalisa certes des performances probantes sur le plan régional, mais pas suffisantes pour espérer quelque chose de concret à l'étage supérieur. On ne bâtit rien de solide sur le sable, et l'ensemble de ces approximations ne pouvait à terme rien amener de très réjouissant.

Il lui fallut s'y reprendre à plusieurs reprises pour franchir l'obstacle du DEUG, risquant même la dernière année de se faire éliminer à l'oral pour cause d'impasses peu judicieuses, voire carrément suicidaires. Mais, parvenu au stade de la licence, son dilettantisme lui fut fatal. Ses congénères, boutonneux mais méthodiques, n'étaient sans doute pas aussi brillants que lui, mais le seul talent, à un moment ne suffit plus.

Ce même constat, il le fit à ses dépens également dans le domaine sportif.

Il savait pertinemment qu'il avait de bonnes cartes à jouer, du fait de la relative pauvreté du 400 m haies en terme de talents, tant la discipline était dure et exigeante. Il y avait des signes qui ne trompaient pas. Les entraîneurs nationaux téléphonaient au staff de son club pour s'enquérir du suivi de sa préparation, car on comptait sur lui pour les joutes nationales de l'été. Seulement, Loïc persistait à tout prendre à la légère, papillonnant d'un plaisir à l'autre. Il allégea considérablement les fastidieuses séances de musculation, limita les footings, ce qui fait que, dans le mois qui précédait les championnats de France, il apparut loin de sa forme optimale. Il multiplia les efforts, les séances de sauna pour évacuer les excédents de poids, et mit les bouchées doubles à l'entraînement, sollicitant excessivement sa musculature, et l'inévitable se produisit, sous la forme d'un méchant claquage aux quadriceps. la saison était terminée et, en quelques semaines, toutes ses belles illusions s'étaient transformées en poussière. Il fit une croix sur l'athlétisme, ne supportant pas les regards faussement apitoyés voire carrément ironiques les rares fois où il revint sur le stade. « Tu ne seras jamais qu'un touriste » lui lança un jour son entraîneur. Loïc haussa les épaules, et quitta le stade sans se retourner. Pas toujours facile d'avoir tort !

Son verre de whisky terminé, il passa dans la cuisine mettre de l'eau à chauffer sous les pâtes. Tout en regardant l'eau frémir, il tenta pour la énième fois de tirer les conclusions de cette période qui avait commencé comme un feu d'artifice et qui s'était terminée sur des vagues odeurs de pétard mouillé. Il avait gardé longtemps de son passage à Rennes un goût d'amertume dans la bouche, comme l'impression d'avoir été éjecté sans avoir réellement fait ses preuves. La haute opinion qu'il avait de lui-même à l'époque ne s'accordait pas avec ces échecs. « Ils ne m'ont pas compris » avait-il coutume de se dire.

Mais plutôt que de se remettre en question, il était tellement plus simple de se montrer fataliste et d'incriminer les aléas de la vie comme responsables de sa déchéance personnelle. Au fond de lui-même, il était désormais suffisamment objectif pour savoir quel était son pourcentage réel de responsabilité dans l'affaire, et il savait bien que celui-ci avoisinait les 100 %. C'est donc avec une lueur désabusée dans le regard qu'il avait quitté les plus belles années de sa vie pour monter sur le ring de la vie active.

Le passage obligé du service militaire lui apporta le lot de frustrations commun à toute personne normalement constituée. Une année interminable qui ne lui servit à rien, sinon qu'à s'attirer de nouveaux soucis avec la hiérarchie militaire, qui n'aimait pas les moqueurs désinvoltes et désabusés « Avec moi, ils étaient servis ». A l'issue de cette période, il se retrouva sur le sable, avec comme seule alternative celle de devoir se prendre en charge. Ses parents, désormais aux portes de la retraite, n'avaient aucune envie de lui financer une seconde chance universitaire, pas plus qu'ils ne souhaitaient le voir prendre la moindre des responsabilités avec eux dans la vieille librairie. « Ce n'est pas de l'égoïsme ou de la dureté de notre part, Loïc » lui dit un jour son père « mais j'ai l'impression que ce n'est pas en t'offrant ainsi la sécurité de l'emploi qu'on te rendra service ». Loïc respectait trop ses parents pour ne pas comprendre le message, même s'il ne fut pas formulé de façon directe. Il lui fallait donc chercher du travail.

La deuxième partie des années 80 permettait encore à ceux qui le voulaient réellement de trouver un job sans trop de problèmes. Loïc passa un ou deux concours administratifs, et fut même reçu à l'un d'entre eux. Certes, la garantie de la fonction publique correspondait assez à son côté « confort sans risques », mais la perspective de devoir s'exiler à Paris ne le passionnait guère. Il n'avait pas d'attache particulière qui le retenait, si ce n'est quelque chose d'assez difficile à définir. Il aimait sa région, et, loin de la baie de Saint-Brieuc et de sa Bretagne natale, il avait l'impression de manquer d'air. Il n'allait pour ainsi dire jamais voir la mer en dehors de l'été mais c'était plus fort que lui, il avait besoin de la sentir à portée de la main ou du regard. « je ne me sens pas Breton, mais j'aime penser et dire que je vis en Bretagne » aimait-il répéter quand le sujet était abordé.

La solution se profila soudain à l'horizon sous la forme d'une annonce parue un samedi dans le journal. La Banque Costarmoricaine, le plus gros établissement bancaire de la région, recrutait des jeunes attachés commerciaux Bac + 2 pour renforcer son potentiel commercial. Loïc répondit à l'annonce et adopta lors de l'inévitable entretien stéréotypé le profil de rigueur, à savoir celui du parfait golden boy, né pour le commerce, blazer-cravate et sourire Colgate, mais prêt à vendre sa mère pour être bien sûr de satisfaire aux objectifs commerciaux fixés par la sainte entreprise.

La réponse ne se fit pas attendre. Ou alors il était excellent comédien, ou le pseudo-spécialiste qui l'avait testé avait réellement décelé chez lui la fameuse fibre commerciale, toujours est-il qu'on lui répondit favorablement. Il reçut quelques semaines plus tard un courrier l'informant du souhait de la Banque Costarmoricaine de le compter parmi ses collaborateurs. Dans la volumineuse enveloppe, il trouva également son affectation pour l'agence de Guingamp, un exemplaire de sa future convention collective et un exemplaire de son contrat de travail.

A l'issue d'une période d'essai de six mois, on lui proposait royalement quelques centaines de francs de plus que le SMIC. Mais Loïc Coatascorn faisait désormais partie de ceux qui savaient se contenter d'une maigre victoire et il accepta l'offre de la Banque Costarmoricaine.

*

Ses débuts ne furent guère flamboyants. Il sentit tout de suite, dès son entrée dans l'agence le matin du premier jour que cela ne serait pas simple. Monsieur Cureton, le directeur de l'agence, le genre gros phoque l'air content de lui en général et de sa trajectoire professionnelle en particulier prit tout son temps pour le recevoir (J'ai commencé comme vous, au guichet, ce n'est peut-être pas le Pérou au début, mais quand on y croit, tout est possible), et lui expliquer en quelques phrases ce que l'on attendait de lui avant de le conduire au guichet. Ses collègues de travail, exclusivement de sexe féminin et se partageant harmonieusement entre célibataires décrépites et mères de famille ne sachant parler que leur marmaille, ne l'enthousiasmèrent pas davantage par la timidité de leur accueil, mais il fit contre mauvaise fortune bon cœur et s'installa à son poste, dans un recoin assez éloigné de l'entrée de l'agence.

Son travail d'agent commercial s'avéra à la longue

plus intéressant qu'il ne l'aurait imaginé au départ. Curieux de nature, il se surprit à s'intéresser aux nombreux clients qui constituaient son portefeuille. Lui qui n'avait jamais quitté son petit monde scolaire et universitaire découvrit une mentalité rurale qu'il ne connaissait pas. Des braves gens en règle générale, mais un peu retors, et carrément tordus dès qu'il était question d'argent. « Si Maupassant revenait, il ne verrait pas beaucoup de changements ».

La plupart de ses clients mirent un certain temps à venir à son guichet, et puis comme Loïc était plutôt d'un air avenant et de surcroît le seul bonhomme du guichet, les premiers se risquèrent au bout de quelques jours. Loïc s'amusait, pensant au dresseur qui patiemment tente d'apprivoiser ses animaux encore un peu effarouchés. Il apprit vite les rudiments indispensables à la tenue de son guichet et mit alors tout en œuvre pour rendre son espace de travail le plus accueillant possible. Cela marcha. On n'imagine pas le nombre de clients qui, entrant dans une agence bancaire, se sentent intimidés, désarmés par la solennité des lieux et des personnes. Loïc les mettait à l'aise, car il avait pour lui une bonne humeur communicative.

Ce qui le distinguait surtout des autres, c'est qu'il ne poussait pas à la consommation. Aujourd'hui, un client bancaire qui a un solde convenable sur son dépôt à vue n'est plus en sécurité quand il pénètre dans son agence. Il va devoir affronter le siège du guichetier qui va commencer par lui proposer une carte bancaire, avant d'enchaîner sur le traditionnel plan épargne-logement, le tout en faisant si possible un petit détour par le prêt à la consommation, sans se soucier le moins du monde de l'intérêt du client en question. C'est qu'il faut bien boucler les objectifs commerciaux de l'agence et gare au malheureux imprudent qui va venir solliciter un prêt pour l'achat de sa voiture alors que la campagne pour le plan épargne-retraite bat son plein. S'il n'y prend pas garde, il risque de repartir chez lui avec le contraire de ce qu'il avait envisagé au départ, mais il faut bien vivre, n'est-ce pas ?

Loïc ne voyait pas son nouveau métier de cette façon et il s'évertua contre vents et marées à travailler selon ses propres conceptions. L'expérience qu'il était en train d'acquérir lui montrait clairement que la clientèle rurale qu'il avait en face de lui était demandeuse d'une certaine forme de conseil, et cela dans un domaine souvent plus social que purement bancaire. Il fit donc son quotidien des déclarations de revenus, les dossiers ASSEDIC, des interventions auprès d'EDF pour rétablir le courant chez certains foyers en délicatesse avec leur trésorerie. Évidement, cela n'alla pas sans heurts, surtout avec le chef d'agence, le gros Cureton. Il avait pris Loïc en grippe dès le premier jour, et les conceptions sociales de son guichetier étaient aux antipodes de sa vision des choses en matière de rentabilité et les années qui passaient ne changeaient rien à l'affaire. « Pensez aux objectifs, Monsieur Coatascorn. Les objectifs, c'est important. Le bon client, c'est celui qui consomme ».

Mais ce qui horripilait particulièrement Cureton, c'était bien le côté dilettante, voire farceur de Loïc. Un matin où la journée se promettait d'être particulièrement belle, Loïc se permit une petite fantaisie vestimentaire. Au lieu de la sempiternelle chemise-cravate, il arbora un superbe polo « Lacoste » rouge vif, petit cadeau qu'il s'était fait en célibataire. Cureton faillit en faire une crise d'apoplexie, et entra dans une furie indescriptible. Convoquant Loïc, il lui fit un grand numéro, pendant lequel tout y passa : l'honorabilité de sa fonction, la négligence de la jeunesse, le devoir de respect envers ses clients, l'esthétisme vestimentaire. Coatascorn subit le déluge sans broncher et, comme l'autre reprenait son souffle, il contre-attaqua : « Je n'ai vraiment pas l'impression d'insulter l'esthétisme vestimentaire avec mon polo. Quand j'en vois certains avec leur débardeur rouge et leur cravate bordeaux, je me dis que je n'ai vraiment pas de complexe à faire ». Sous le regard interloqué de Cureton à qui cette allusion s'appliquait bien évidemment, il poursuivit. « Cela dit, si c'est de la cravate qu'il vous faut, je vais vous en donner ».

Loïc sortit du bureau, se précipita vers la grande surface la plus proche et revint un quart d'heure plus tard avec une chemisette rouge écarlate et une cravate jaune on ne peut plus vif. Il se réinstalla à son guichet, sous le regard interloqué de ses collègues qui voyaient ainsi pour la première fois la toute puissance de l'infâme Cureton ainsi battue en brèche.

Cet éclat n'allait pas rester sans conséquences et Loïc s'attendait bien à ce que cette humiliation fasse des vagues. Chose curieuse, Cureton fit comme si de rien n'était, ignorant superbement le jeune homme. Pourtant sa vengeance était en route. Loïc ayant été titularisé à l'issue de sa période probatoire et n'ayant jamais posé depuis le moindre problème à quiconque depuis son entrée à la Banque Costarmoricaine il y avait maintenant un peu plus de six ans, il lui fallait désormais lui faire commettre une faute suffisamment grave pour le faire mettre dehors. Cureton voulait sa peau et il l'aurait. Il prendrait le temps qu'il faudrait.

Il commença par s'occuper de la réputation de Loïc auprès des responsables commerciaux de la Banque Costarmoricaine. En effet, même si sa période de formation était terminée depuis longtemps, son activité était, comme d'ailleurs celle de l'ensemble des commerciaux de la banque, analysée par un responsable commercial qui gérait cette activité sur plusieurs agences. Autant dire que cette personne, en l'occurrence Paul Lesseine était d'une redoutable importance. Il pouvait vous casser une carrière en moins de deux. Un petit bonhomme sec comme un coup de trique, aimable comme une porte de prison, et surnommé en douce « Fouquier-Tinville » en hommage à l'aimable accusateur public qui sévissait au tribunal révolutionnaire à la joyeuse époque de la Convention. Un tel joyeux drille allait certainement accorder une oreille intéressée aux propos de Cureton, surtout quand celui-ci lui décrirait sa vision de l'activité de Loïc Coatascorn en accentuant son dilettantisme, son anticonformisme, et son adhésion plus qu'aléatoire aux valeurs de l'entreprise. « Je ne suis pas sûr qu'il donne une bonne image de la maison » glissa-t-il insidieusement en guise de conclusion, à l'occasion d'une note que chaque chef d'agence devait transmettre annuellement à Lesseine sur les collaborateurs avec lesquels il travaillait. Avec un tel rapport, Cureton était sûr que le nom de Loïc était noté dans le célèbre petit carnet noir de Lesseine, carnet bien connu de l'ensemble des commerciaux de la Banque Costarmoricaine, et qui, quand il sortait de la poche du fameux « Fouquier-Tinville », était rarement synonyme de bonne nouvelle.

Ensuite, il poussa le machiavélisme un peu plus loin. Chaque agent commercial, à l'issue de chaque entretien commercial, devait remplir un formulaire qui rendait compte de l'entretien et de la nature de ce qui avait été vendu ou de ce qui pouvait l'être un jour. Ces formulaires étaient transmis au siège, ce qui permettait de faire des statistiques sur le potentiel de chaque agence… et de chaque agent. L'ensemble du courrier des agences étant transmis au siège par voie de navette interne, ce fut un jeu d'enfant pour Cureton de retirer régulièrement de la circulation une bonne partie des formulaires remplis par Loïc. Tout ceci bien sûr n'avait qu'un seul but : accréditer la thèse selon laquelle Loïc, vu sa faible activité au regard de ses comptes rendus, était un piètre agent commercial « Attends, mon bonhomme, je vais te l'arranger, ta réputation ! ».

Puis Cureton, estimant que la poire était mûre, passa à la phase décisive de son plan. Son idée était maintenant de faire accuser Loïc de grave négligence ce qui, additionné à son inefficacité commerciale, ne pourrait avoir que des conséquences fâcheuses sur son avenir dans la maison. Il attendit pour commencer que la Caissière Principale tombât malade. Il n'eut d'ailleurs pas à patienter bien longtemps, car les grippes diplomatiques de celle-ci faisaient partie des aléas de la vie courante de l'agence de Guingamp. Il demanda à Loïc de la remplacer à la Caisse Principale. Comme ce type de permutation était courant, cela n'éveilla pas l'attention de Loïc et il ne s'en formalisa pas.

Or, parmi les fonctions du caissier, figurait la gestion des bons de caisse. Cette tâche n'était pas bien compliquée. Ce sont en fait des placements sur un ou cinq ans, et peuvent être matérialisés sous la forme de titres au porteur, d'un aspect tenant autant du billet de banque que du parchemin. A l'heure de l'informatique, ces grands rectangles de vélin soigneusement enluminés et numérotés avaient un petit côté un peu désuet pour ne pas dire carrément ringard. Cependant, il existait toute une frange de clientèle assez âgée qui avait un besoin quasi viscéral de toucher les bons au moment de les souscrire et qui n'aurait pas compris que le placement eut été rigoureusement identique si ces bons n'avaient pas été matérialisés.

Chaque agence avait donc un stock de bons et il revenait au caissier de les comptabiliser quotidiennement. Cureton attendit que Loïc, une fois le total des bons vérifiés, ait le dos tourné pour foncer au coffre et en subtiliser un. Il le conserva au bureau tout le reste de la journée et, une fois l'ensemble des employés de l'agence partis, il le glissa dans un tiroir du bureau de Loïc. Le lendemain, Cureton s'arrangea pour arriver en même temps que Loïc à son poste de travail. Se penchant par-dessus son épaule au moment où celui-ci ouvrait son bureau et découvrait le fameux bon, le gros joua la stupéfaction à la perfection.

— Pouvez-vous me dire, Coatascorn, ce que ce bon fait dans votre bureau ?

— …

— Je vais vous le dire, moi. Vous attendiez l'occasion pour le voler.

— Vous êtes fou !

— Et en plus, il m'insulte, ce petit con. c'est ce qu'on va voir. J'appelle Lesseine immédiatement.

Le reste ne se passa pas tout à fait comme l'avait souhaité Cureton. Au cours de la confrontation avec l'inévitable Lesseine, celui-ci admit que si le mobile de Loïc avait été le vol, il n'aurait pas laissé traîner le bon dans son propre bureau. Il fut donc question de grave négligence, ce qui arrangeait bien les affaires de la Banque Costarmoricaine, car cela lui évitait un dépôt de plainte, toujours gênant, à l'encontre de Loïc. La suite de l'entretien fut plus tendue quand Paul Lesseine profita de l'opportunité d'avoir Loïc sous la main pour aborder avec lui ses piètres résultats commerciaux. Stupeur de l'intéressé :

— Vous rigolez ou quoi ! Déjà que vous me suspectez dans cette histoire de bons, alors que vous savez pertinemment que je n'y suis pour rien, et voilà que vous venez me dire que mes résultats ne tiennent pas la route. Dites, vous les avez vraiment lus mes compte rendus ?

— Justement, en voici la synthèse depuis trois mois. On ne peut pas dire que ce soit brillant.

Loïc parcourut rapidement le document et releva les yeux vers Lesseine, hagard :

— Mais il y a une erreur. Il en manque au moins la moitié si ce n'est les deux tiers.

— Pouvez-vous prouver ce que vous avancez ? j'imagine que vous avez gardé une copie des résultats que vous m'adressiez.

— Non, avoua Loïc, se maudissant intérieurement, lui et sa négligence. Il ne comprenait plus. Ces feuillets n'avaient quand même pas disparu par hasard. Perdu dans ses pensées, son regard croisa soudain celui de Cureton. Ses petits yeux porcins avaient du mal à cacher leur jubilation. Tout à coup, tout devint clair dans son esprit et une chape de plomb lui tomba sur les épaules, comme un manteau compact et glacé. Il s'était fait avoir comme un bleu avec en prime aucun moyen de prouver sa bonne foi.

Lesseine se leva, comme pour lui signifier que l'entretien était terminé. Mais il se ravisa pourtant.

— Coatascorn, j'aurais quelques mots à vous dire seul à seul.

Une fois le gros Cureton sorti, Lesseine reprit la parole.

— Vous savez, Coatascorn, cette histoire m'intrigue. Dans un autre cas que le vôtre, avec de telles charges contre vous, vous seriez déjà en train de faire vos paquets. Or, c'est plus fort que moi. Je n'arrive pas à me dire que vous êtes aussi mauvais que les faits tendent à le dire. De plus, je sens qu'il y a une animosité certaine entre vous et votre responsable. Cela fait six ans que cela dure, et cela ne pourra qu'empirer. Vous maintenir à ce poste ne serait donc pas une bonne chose. Dans l'intérêt de la maison en général et de l'agence de Guingamp en particulier, je me dois de trouver une solution. Je peux vous informer dès à présent que ce sera rapide. Préparez-vous à quitter votre poste dans un délai d'une quinzaine de jours. Vous serez informé par courrier. Voilà, C'est tout. Je vous préviens quand même : vous n'aurez pas de seconde chance !

C'est justement cette lettre, cette fameuse lettre l'informant de sa mutation au siège de la Caisse Régionale aux services des dépôts, que Loïc tournait entre ses doigts, tandis que les programmes télé les plus insignifiants se succédaient en cette fin de dimanche après-midi. C'est vrai, on était dimanche et dès le lendemain, il avait rendez-vous au siège pour sa nouvelle prise de fonction. Un nouveau départ ? On peut dire ça comme ça ! Loïc était d'autant plus amer qu'il était persuadé d'avoir bien compris ce qui s'était passé dans la tête des responsables commerciaux, Lesseine en tête, qui avaient décidé de cette mise au placard. Il était persuadé qu'ils ne le croyaient pas coupable, ou tout du moins qu'ils en doutaient sérieusement. Mais l'amnistier purement et simplement eût conduit à désavouer

Cureton, et ça, vu sa position, son ancienneté dans la maison et ses relations, personne ne s'y serait risqué. « Cela aurait créé un précédent et cela aurait fragilisé la position de tous les chefs d'agence de la Banque Costarmoricaine. C'est un risque qu'ils ne sont pas prêts de prendre » pensa Loïc en reprenant une Kwak, sa quatrième bière de l'après-midi.

*

Loïc se trouvait donc victime de la méchanceté de l'un et de l'hypocrisie des autres, et cela, même s'il ne nourrissait pas d'illusions particulières sur le fond de la nature humaine, il le vivait très mal. « Démissionner ? Pourquoi pas après tout ? » Il y songea un long moment, et la seule chose qui le retint était de contingence matérielle. Depuis que Chloé était partie, il s'était évertué à multiplier les dépenses en cassettes, CD et romans policiers, ce qui fait qu'il n'avait pas un centime de côté. Et puis il avait encore en mémoire l'entretien d'embauche qu'il avait dû subir avant de rentrer à la Banque Costarmoricaine. Il avait vraiment eu l'impression de faire la pute et il n'avait vraiment aucune envie de renouveler l'expérience, à moins d'y être absolument obligé, ce qui n'était pas le cas. « Pas encore » grinça-t-il entre ses dents.

C'était donc sans enthousiasme, avec la sensation

de baisser son pantalon, que Loïc avait accepté sa mutation. Après tout, cela ne pourrait pas être pire qu'avec Cureton. Du moins l'espérait-il.

II

Le lendemain, Loïc Coatascorn sortit sa vieille Fiat du garage en sous-sol. Seulement, au lieu de prendre comme d'habitude la direction de Guingamp, il prit la direction du siège régional de la Banque Costarmoricaine, distant d'à peine quelques kilomètres de son domicile, pour rallier sa nouvelle affectation. Dire qu'il débarquait dans l'inconnu était un euphémisme. Depuis la réception du courrier l'informant de sa mutation, il n'avait eu aucun contact avec son nouveau service. Il ne se faisait d'ailleurs aucune illusion. Le service « Dépôts » devait être aussi peu pressé de le voir débarquer que le directeur de l'agence de Guingamp avait hâte de parler de lui à l'imparfait.

Là-bas, son départ le samedi précédent s'était fait dans la discrétion la plus absolue. Comme par hasard, Cureton, le chef d'agence, lui qui ne voyait jamais un client, était retenu à l'extérieur au moment de la fermeture, à l'heure où la moindre des corrections eût voulu qu'il soit là pour souhaiter bonne chance à son ex-collaborateur, mais il ne se serait sûrement pas senti très à l'aise. Évidement, quand on fait tout pour casser la carrière professionnelle de quelqu'un, ce n'est pas forcément facile de lui adresser, après, ses meilleurs vœux de réussite. Mais le gros Cureton n'en était pas à une hypocrisie près et celle-ci était tout à fait dans ses cordes. Seulement, il avait préféré ne pas avoir à soutenir le regard ironique et plein de morgue de Coatascorn.

Ses chères collègues vinrent quand même le saluer, plutôt mollement d'ailleurs, avec des « A bientôt » et des « Bon courage » qui sonnaient un peu faux. Il n'y eut pas de pot de départ, Loïc n'avait rien organisé, sachant pertinemment que plus vite ces formalités se termineraient, mieux ce serait pour tout le monde. Il finit rapidement de ranger ses quelques affaires personnelles : un petit réveil à quartz, son vieux Parker, un vieux numéro de « l'Équipe » datant de Février 89 dont la « une » titrait sur René Jacquot et la conquête du titre de champion du monde des superwelters, une photo de Carl Lewis en pleine action, et quitta les locaux de l'agence.

Sur le moment, il avait été très déçu par le comportement plus que réservé de ces femmes qu'il avait côtoyées pendant ces quelques années. Peur de s'attirer les foudres du chef tout puissant, mépris devant sa disgrâce, ou tout simplement une sorte d'indifférence un peu gênée. Il avait opté pour la troisième solution et tout cela était passé aux oubliettes.

Maintenant, en ce lundi matin, il était au pied du mur. Le siège régional en imposait, coupole majestueuse au bord de la route nationale. De loin, elle ressemblait à une gigantesque soucoupe volante oubliée en rase campagne. « Les martiens sont déjà là » sourit-il en voyant les innombrables véhicules parqués devant l'entrée.

Il fut reçu dès son arrivée par le chef de service, Daniel Skol. 25 ans, jeune cadre dynamique BCBG à la limite de la caricature, il incarnait le prototype du jeune loup avec des dents rayant le parquet et voulant arriver, par la porte ou par la fenêtre. Pour lui, le service « dépôts » devait être une étape, la plus courte possible, vers des responsabilités plus valorisantes et à terme plus gratifiantes. D'entrée, le courant ne risquait pas de passer.

Bien sûr, Skol tint d'entrée le discours stéréotypé qu'on adopte généralement dans ce type de circonstances (« Je ne veux pas connaître les problèmes que vous avez eu en agence, ici c'est pour vous un nouveau départ et pas une dernière chance, j'attends de vous le maximum ») mais son regard en biais contredisait ces belles paroles. Visiblement, son opinion était faite avant l'entrée de Coatascorn dans son bureau et ce premier contact n'allait en rien modifier cette première impression.

La courtoisie la plus élémentaire eût voulu que Skol lui-même lui fasse les honneurs de la maison, mais il avait visiblement d'autres tâches plus importantes. « J'appelle Francis Sanyon, c'est avec lui que vous travaillerez. Vous vous occuperez de la gestion des dossiers de succession, ce n'est pas trop compliqué. Sanyon gère les remboursements des bons de caisse. Vous verrez, malgré un aspect un peu bourru, il est charmant. »

Charmant, on aurait pu affubler Francis Sanyon d'un tas de qualificatifs mais celui de « charmant » n'était certainement pas celui qui venait immédiatement à l'esprit. Imaginez un gros ours, militant syndical CGT convaincu, des mains comme des battoirs, la tignasse poivre et sel en bataille, la bedaine en avant qu'une chemise en jean toute tachée tentait de contenir sans espoir, à la bouche un mécarillo pestilentiel et racorni, et vous aurez une idée à peu près complète du personnage. Entre deux grognements, il fit signe à Coatascorn de le suivre dans le bureau qu'ils allaient désormais partager.

— Ton travail, les successions, c'est un boulot de merde ! déclara-t-il en guise de préambule. Pour schématiser, tu vas servir de fossoyeur de compte en banque. La fille qui était là avant toi, elle ne se faisait pas à l'idée de gérer les dossiers des macchabées. De toute façon, elle était en contrat temporaire et même si elle faisait super bien son boulot, ces enfoirés de la direction ne l'auraient pas gardée.

Skol avait au moins raison sur un point. Le boulot

en question, il faut bien l'avouer, n'était pas bien compliqué. Quand un client décédait, son agence montait le dossier de succession avec tous les papiers administratifs indispensables (fiche d'état civil, état des comptes au moment du décès) et transmettait le dossier au service « successions ». Loïc se mettait alors en rapport avec le notaire désigné et lui acheminait le dossier, une fois que toutes démarches bancaires étaient terminées. Le notaire recevait la somme, a lui de se débrouiller avec les héritiers. Il lui arrivait de régler directement par virement (et pour cause, le chéquier ne risquait plus de servir à son titulaire !) certaines factures urgentes comme celles des pompes funèbres par exemple. Mais il faut bien se dire que dans l'ensemble, tout cela n'était pas bien éreintant.

Loïc eut par contre beaucoup plus de mal à s'adapter à l'ambiance qui régnait au sein de la Caisse Régionale. Le personnel administratif de la Banque Costarmoricaine avait globalement une assez haute opinion de lui-même et percevait « Ceux des agences » comme une race inférieure, comme si le contact direct avec les clients avait quelque chose de dégradant. Loïc fit vite le tour de cette ambiance malsaine et feutrée, où les hommes, un jour chaleureux, le lendemain distants, ne valaient pas mieux que leurs homologues féminines, aussi fardées qu'hypocrites (« Bonjour, ma chérie, ça va ? Ton petit dernier ? Ah ? Il va redoubler ? Comme c'est dommage ! ») et toutes animées d'une curiosité à faire pâlir d'envie les concierges du quartier. Francis Sanyon, tout en mâchouillant son infâme mécarillo, avait son opinion à ce sujet.

— Tu sais, tous ces clampins, ils font un complexe de supériorité, mais ils me donnent parfois l'impression d'être amnésiques. Les trois quarts de ceux que tu croises dans les couloirs sont comme toi, ils ont été rapatriés des agences et, dans la plupart des cas, c'était loin d'être une promotion. Mais cela, ils ne veulent plus s'en souvenir. Tiens, regarde les dépôts chez nous, c'est le pompon. On ne doit pas être nombreux à avoir commencé notre carrière au siège de la « B.C. ».

Brave Sanyon. Coatascorn apprécia d'emblée la compagnie du vieux syndicaliste. Il était d'autant moins dérangeant qu'il était rarement présent dans le bureau. Il était toujours en réunion soit au Comité d'Entreprise, soit aux délégués du Personnel, ou encore au Comité d'Action Sociale de l'Entreprise. Tout lui était bon pour rallumer les vieux conflits qu'il entretenait depuis des décennies avec la Direction. Les 35 heures, la précarité de l'emploi des temporaires, les primes de fin d'année, la réindexation de l'indice salarial, les conditions de travail, les sujets à discorde ne manquaient pas et rien n'aurait pu ébranler sa foi en sa conception de la justice sociale.

En l'écoutant parler de l'émancipation du prolétariat, de la lutte des classes avec une vigueur jamais démentie, on avait l'impression que l'accélération de l'Histoire et l'écroulement du monde communiste avait glissé sur lui sans le concerner réellement et que le mur de Berlin était toujours debout. Mais, de temps en temps, la lueur de ses yeux semblait s'éteindre comme si lui non plus ne croyait plus vraiment à l'avènement de la dictature du prolétariat. « La lutte finale s'éternise » avait il coutume de proférer sentencieusement pendant ces périodes de spleen.

Les fréquents déplacements de Sanyon hors du bureau laissaient donc Coatascorn le plus souvent livré à lui-même, ce qui était fait pour l'arranger. Son naturel rêveur avait donc tout loisir pour s'exprimer. Au début, il pataugea bien un peu dans les méandres des documents des successions mais, au bout de quelques cas un peu plus complexes, l'essentiel fut acquis. C'est même avec une certaine habileté qu'il démêla une affaire bien embrouillée, alors que les documents d'état civil du De Cujus (qui était né en Crimée) étaient introuvables et que les héritiers étaient prêts à prendre les armes pour se partager son maigre CODEVI.

Il fut même par la force des choses contraint de se mettre au courant des tâches de son courant d'air de voisin. Sanyon ailleurs, il arrivait que les coups de téléphone affluent dans leur bureau et, la plupart du temps, ils ne concernaient que des erreurs sur les remboursements de bons de caisse. La foi en le syndicalisme allait visiblement de pair avec une certaine étourderie. Loïc, plutôt que d'être dérangé pour des dossiers ne le concernant pas, préféra rapidement se mettre à la page surtout que le travail du vieux syndicaliste n'était pas bien sorcier.

Le remboursement des bons de caisse n'offrait que deux cas de figure. Soit on reversait les intérêts intégralement, et ceux-ci étaient à porter sur les déclarations de revenus. Soit le client ne voulait pas déclarer ses revenus, et le fisc par anticipation en prélevait quasiment la moitié. La plupart de la clientèle « bons de caisse », souvent des personnes âgées peu imposables, choisissait pratiquement toujours la seconde solution. Elle préférait paradoxalement perdre une bonne partie de ses intérêts, parfois substantiels, plutôt que de déclarer un centime de plus. La peur du gendarme traversait allégrement les siècles et avait de beaux jours devant elle…

Loïc, petit à petit, se fondit dans le moule du parfait employé de la Caisse Régionale de la Banque Costarmoricaine. L'air perpétuellement préoccupé, la tenue de plus en plus négligée et la cravate résolument jetée aux orties (« J'aurai pas tout perdu en venant ici, saleté de cravate, je ne m'y faisais pas »), il arborait un vague sourire de circonstance quand il croisait ses collègues. « Salut ! Salut ! ». Quels qu'ils soient, il ne se sentait pas le courage de rompre sa solitude avec ces gens qui n'avaient en commun avec lui que cette profession. Il ne s'imaginait pas recevoir Monsieur Machin ou aller prendre l'apéro chez Mademoiselle Bidule. Une fois les sempiternels sujets de conversation tournant autour de la Banque Costarmoricaine épuisés, il ne se sentait vraiment pas le courage d'aller à la découverte de leurs motivations. Son isolement avait transformé sa curiosité naturelle en luxe pour le moment hors de sa portée.

*

S'il n'avait aucune envie de s'insérer davantage, il ne tenait pas non plus à faire ostensiblement bande à part. Adoptant sensiblement le même rythme que ses collègues, il commençait tôt le matin, et finissait tôt l'après-midi. A 16 h 30 précises, l'immense soucoupe assistait au fourmillement de ses habitants qui se ruaient sur la pointeuse comme si leur vie en dépendait et se précipitaient dans leur moyen de locomotion respectif. A partir de 16 h 35, seuls quelques égarés, distraits, importants ou besogneux erraient encore dans les couloirs, donnant par leur présence un semblant de vie à l'immense structure.

Dans un premier temps, Coatascorn n'avait pas forcément envisagé de calquer ses horaires sur ceux des autres. A quoi sert une pointeuse si chacun commence et termine à la même heure ? Quelque chose en lui répugnait à agir comme tout le monde, mais il se rendit vite compte que toute activité, passé 16 h 30, devenait aléatoire. Avec une maintenance informatique absente, un standard téléphonique désespérément muet, Loïc dut donc se résoudre, bon gré mal gré, à se conformer au même créneau horaire que ses collègues.

Une fois dehors, Coatascorn allait voir la mer.

Aussi loin qu'il s'en souvienne, ses premières promenades en solitaire dataient des quelques semaines qui avaient suivi sa séparation avec Chloé. Ce besoin d'air, d'absolu avait rapidement évolué en une nécessité de relativiser l'importance de son découragement par rapport à l'immensité salée. Le rythme de ces confrontations était passé de quelque chose de très ponctuel à un rendez-vous quasi quotidien. Il n'avait pas de chien à promener, ne venait pas quémander une quelconque probabilité féminine.

Mais il ne venait pas non plus chercher forcément la solitude. Il choisissait d'ailleurs presque toujours les Rosaires à Plérin, Binic ou le Val André, des endroits où il était sûr de croiser quelqu'un. Son plaisir, c'était en fait, en une fraction de seconde, d'imaginer quel pouvait être le parcours sentimental, professionnel de l'homme ou de la femme qu'il était en train de croiser. Ce bedonnant à l'air suffisant et au pull Lacoste, noué négligemment au tour du cou mais avec le crocodile bien apparent, avait tout l'air de l'arriviste parisien qui méprise les provinciaux, d'autant plus qu'il n'arrive pas à faire oublier ses origines et son accent du Centre Bretagne. Cette femme, la quarantaine déjà flétrie évoquant celles que l'on appelle encore « Mademoiselle », n'arrive sûrement pas à se faire à l'idée que la découverte du mari providentiel passe inéluctablement par la mise au rancart de son infâme teckel à poils longs.

Cette classification en espèces était certes réductionniste, mais Coatascorn adorait se faire une idée sur les gens de cette façon. Il avait ainsi l'impression que le monde était plus simple qu'on se l'imagine et ce constat lui redonnait une sorte d'illusion sur le genre humain. Ce n'était pas du luxe.

De retour dans son F2 de la rue Voltaire, il se précipitait sur le programme TV et, quelques minutes plus tard, une émission sportive ou un film (souvent déjà vu) prenait place sur son écran. Les infos, il les consommait à coups de flashes radio express, car les journaux TV lui donnaient la nausée. L'importance accordée aux faits divers l'indisposait, mais le pire, c'était les témoignages en direct. Là, on basculait dans l'indicible avec, par exemple, l'intervention du voisin du pédophile de la rue de la Chapelle qui « était sûr que tout cela devait arriver ». Mieux encore, celle du neveu de la concierge des Mureaux qui dresse ses pittbulls à bouffer du basané, pérorant sur l'intéressante thèse qui affirme avec vigueur qu'« avec tous ces bougnoules dans le quartier, faut bien se défendre ».

Coatascorn préférait donc se couper du réel. Il avait décidé une fois pour toutes que son téléphone ne sonnerait pas, et il le laissait décroché, ne le remettant en fonction qu'au rythme de ses propres besoins. Allongé sur son canapé, après avoir rapidement dévoré des pâtes avec du jambon, il adorait imaginer que la vie s'arrêtait le temps d'un film, d'un match, ou d'un CD. Les accents de « The River » de Spingsteen, de « Stirway to Heaven » de Deep Purple, ou de « Week-end à Rome » d'Étienne Daho étaient ceux qui accompagnaient le plus souvent ses rêveries « Is a dream a lie if it don't come true, or is it something worse ».

La vie de Loïc Coatascorn aurait pu longtemps continuer ainsi. Une certaine pérennité s'installait dans son mode de fonctionnement quotidien. La force de l'habitude lui avait fait progressivement digérer sa séparation d'avec Chloé et la frustration de son échec professionnel s'était tranquillement atténuée. Loïc parvenait à une sorte d'équilibre, une sérénité certes un peu végétative, mais ô combien confortable par rapport à ses récentes périodes de sinistrose. « Je suis bien, je suis bien, personne à me faire ch…, je suis bien » aimait-il à se répéter comme pour s'en convaincre chaque jour davantage. Mais un événement imprévu allait venir mettre à l'épreuve ces certitudes embryonnaires.

Un lundi matin tout à fait ordinaire, Coatascorn eut la surprise de voir Skol, son chef de service assis à son bureau, le regard plongé dans un des dossiers « succession » qui jonchaient son bureau. Il pensa tout d'abord que Skol voulait juste lui faire remarquer qu'un peu d'ordre dans son organisation personnelle ne nuirait pas (ce dont il aurait convenu d'ailleurs bien volontiers) mais le regard du responsable et sa raideur lui firent tout de suite comprendre qu'il s'agissait de quelque chose de plus sérieux.

— Je cherche un dossier que vous avez eu récemment à traiter, l'affaire Tambois. J'ose imaginer que vous vous en souvenez ?

Le ton alarma Coatascorn.

— Je m'en souviens d'autant mieux que l'ensemble des pièces a été transmis vendredi soir chez le notaire de Tambois. Pour nous, c'est un dossier classé.

— Je n'en suis pas si sûr. Venez de suite dans mon bureau.

Loïc sentait la moutarde lui monter doucement au nez, surtout que ce type d'intervention était assez peu courant de la part de son chef de service. Mais il préféra n'en rien laisser paraître.

— Asseyez-vous ! Cet aboiement était aux antipodes du ton onctueux qu'employait d'habitude Skol. Il commença d'emblée.

— Monsieur Coatascorn, je n'irai pas par quatre chemins. Depuis votre arrivée aux dépôts il y a maintenant quatre mois, je n'ai jamais eu à me plaindre de vous. Je me surprenais même parfois à apprécier votre rapidité et votre efficacité. Mais sur un dossier, dossier que vous connaissez particulièrement bien puisqu'il me semble que Monsieur Tambois était client à votre ancienne agence, j'estime que vous avez fait preuve d'une impardonnable légèreté. Clore le dossier alors que l'ensemble des comptes n'avaient été ni recensés, ni soldés, c'est vraiment de la négligence.

Loïc se souvenait fort bien avoir eu à traiter le dossier de Marcel Tambois. Cela lui avait d'ailleurs fait tout drôle quand il avait appris que le vieil octogénaire s'en était allé. Il se rappelait fort bien le petit grand-père au regard malicieux, les moustaches jaunies par le tabac et la casquette en velours marron penchée sur le côté. Le genre roublard qui préférait passer pour plus ignorant qu'il n'était en réalité. C'était Loïc qui gérait son compte à l'agence et qui, entre autres services, lui remplissait sa déclaration de revenus. Le vieux lui en était reconnaissant et lui offrait toujours en échange une bonne bouteille, le plus souvent du Châteauneuf du Pape. « Mais, si, acceptez, Monsieur Coatascorn. C'est de bon cœur et ça me fait plaisir. Vous n'allez pas contrarier les caprices d'un vieux débris. Ça ne vous porterait pas bonheur ». Loïc, mi-veule, mi-complice, faisait alors disparaître la bouteille dans un de ses tiroirs.

Ce qu'il ignorait par contre, c'est que le petit vieux avait un secret, sous la forme d'une fille qu'il avait eue hors mariage avec un amour de jeunesse. Prévoyant, il avait ouvert un autre compte bancaire, toujours à la B.C. (quand on est fidèle, on ne se refait pas !) sur lequel il avait versé un petit capital augmenté par des versements réguliers et avait donné procuration à celle-ci pour qu'elle puisse se servir en fonction de ses besoins qu'il savait modestes.

Seulement voilà, au décès du pépé, sa fille se découvrit des appétits insoupçonnés jusque-là, et, avant que la nouvelle du décès se fût ébruitée, le compte se retrouva clos en moins de temps qu'il ne faut pour le dire et l'héritière envolée avec un pactole devenu respectable. Les héritiers, alertés par la différence entre leurs espoirs et la triste réalité découvrent vite le pot aux roses, mais mettent vite une sourdine à leur légitime émoi à cause du sempiternel et pourtant inévitable scandale. Le notaire, mis sur la sellette, botte en touche et accuse le service « successions » de la Banque Costarmoricaine de légèreté et Coatascorn se retrouve ainsi en première ligne.

Pendant l'exposé de Skol, Loïc n'avait qu'un seul visage devant les yeux : celui de Cureton, le chef de l'agence de Guingamp. Celui-ci connaissait le père Tambois depuis des décennies et était donc forcément au courant de son secret. Loïc parti, c'était donc à lui de faire un premier recensement des avoirs du Père Tambois et il était bien surprenant qu'il ait laissé faire le notaire sans réagir, sauf si… Mais oui, bien sûr, tout cela était voulu. Cureton, non content de l'avoir fait rapatrier au siège, tenait une nouvelle occasion de se venger de lui, de ses insolences, de son anticonformisme et, une nouvelle fois, il ne l'avait pas raté. Mais tout cela, là encore, comment le prouver ?

Coatascorn comprit alors que le piège s'était refermé sur lui et que cette fois-là, on ne le raterait pas. Convoqué dès le lendemain devant Paul Lesseine, l'ex-responsable commercial qui étrennait ses nouveaux galons de responsable des ressources humaines, le fameux « Fouquier Tinville », celui-ci ne lui fit aucun cadeau (« Vous étiez prévenu, Coatascorn »). La sanction tomba comme un couperet : mise à pied d'une durée de trois jours, dernier avertissement avant le licenciement pour faute grave. Il accueillit la sanction sans émettre un seul son. Cela faisait deux fois qu'on lui reprochait sa négligence et par deux fois, il était innocent de ce dont on l'accusait. Mais il ne pouvait cette fois encore prouver son innocence sans incriminer Cureton. Entre les deux, il savait à l'avance lequel serait cru. Le seul luxe qu'il se permit fut de se dispenser de toute formule de politesse et il quitta immédiatement la pièce.

*

La première personne qu'il croisa dans le couloir fut Sanyon. celui-ci évita son regard. Il est vrai que le vieux cégétiste ne se sentait pas particulièrement à l'aise. Quand Skol lui avait demandé la veille d'assister Loïc lors de son entretien avec le Directeur, celui-ci s'était défilé en prétextant qu'il ne pouvait accomplir cette tâche du fait que Coatascorn n'avait jamais voulu se syndiquer. Il tenta néanmoins de placer son mea culpa.

— Tu sais, Loïc, je voulais te dire que…

— Ta g…

Pendant ces trois jours de pénitence, Coatascorn ne quitta guère son F2. Il mangea n'importe quoi, but comme un trou, se gava de télé, vécut comme un zombie. Mais tout cela n'était qu'apparence. Il sentait bien qu'il devait prendre une décision, car continuer ainsi, c'était la mort lente, la dégringolade. Qu'est-ce qui allait empêcher Cureton, Lesseine de continuer à le persécuter ? « Réagis, Bon dieu ! Réagis » se motivait-il devant sa glace. Il se fichait royalement désormais de ce que l'on pouvait bien penser de lui, mais il voulait pouvoir se regarder dignement dans ce même miroir, se prouver à lui-même qu'il était capable de quelque chose qui sorte de l'ordinaire.

*

C'est au soir du troisième jour, à la veille de réaffronter l'univers hostile de la Banque Costarmoricaine qu'il se fit une promesse qui allait changer le cours de son existence. « Ils me prennent pour un moins que rien. OK, maintenant, je vais leur montrer ce que je vaux. Je vais les ridiculiser, les cambrioler de l'intérieur, rien que pour le plaisir de me montrer supérieur à leur médiocrité. Seulement, il faudra que je monte un truc en béton, imparable. Je prendrai le temps qu'il faudra, mais je les aurai. »

*

De retour aux Dépôts le lundi matin, il s'attacha à faire comme si de rien n'était. Répondant aux salutations par un bref signe de tête, il ne quitta guère son fauteuil de toute la journée. Il lui sembla quand même qu'il y avait un peu plus de monde à circuler dans le bureau par rapport à d'habitude (les faits divers et les petits scandales quotidiens ont toujours leur clientèle de charognards compatissants), mais il ne laissa rien paraître de son sentiment. Loïc se sentait étonnamment serein, et mit cela sur le compte de la décision qu'il venait de prendre. Il n'avait plus rien à perdre, il lui fallait juste trouver une idée qui lui permette d'appliquer sa vengeance. L'idée que les conséquences de son acte risquaient de le faire sortir de la légalité le laissait froid. Oubliées les généreuses idées d'altruisme, le rôle social de l'employé de banque. Sa priorité était désormais la vengeance, et rien d'autre.

*

Il chercha longtemps, avec de plus en plus de fièvre, alternant les périodes d'abattement et de frénésie. Il était persuadé que la clé de son énigme pouvait très bien se cacher entre les quatre murs de son bureau. Il y passait de plus en plus de temps, restant tard le soir jusqu'à ce que les femmes de ménage, à grands coups d'aspirateur, lui fassent comprendre qu'il était temps de leur laisser le champ libre. Cela étonnait le petit monde des dépôts, mais tout le monde mit cela sur sa volonté de rachat. Skol en fit même part à Lesseine. « Dites donc, pour Coatascorn, il semble que la leçon ait porté. Je ne lui ai jamais vu autant d'ardeur à la tâche ».

Il analysa minutieusement tous les mouvements

d'argent qui transitaient par le siège régional, les devises, les virements, les approvisionnements des distributeurs automatiques. Ce n'était pas les idées qui lui manquaient, mais il se heurtait toujours au même problème : il n'avait pas de solutions pour s'approprier de l'argent liquide sans que des problèmes comptables se posent. En effet, toutes les opérations en liquide étaient enregistrées et matérialisées sous la forme d'un bordereau, consigné au service de la comptabilité. La moindre fuite aurait immédiatement été détectée. Certes, Loïc, en imitant une signature car il était très fort à ce jeu-là, aurait pu mouiller quelqu'un d'autre. Mais il lui aurait fallu trouver un nouveau bouc émissaire par opération et les risques se seraient multipliés.

L'autre solution, moins voyante et plus efficace, était celle du virement ou du chèque. Il suffisait de créer artificiellement une opération de débit et de créditer un autre compte d'où il aurait pu retirer ce qu'il souhaitait, mais voilà, ce compte n'existait pas et il ne voyait pas bien comment le créer.

L'idée, la grande idée lui vint un jour par le plus grand des hasards.

Une agence du réseau lui avait transmis le reliquat d'un placement venu à échéance et ceci quelques jours après le décès de son titulaire, feu Monsieur Dugnon. Le reste de la succession étant déjà chez le notaire, ces quelques milliers de francs stagnaient sur le compte de régularisation de l'agence de l'ex-client. Ce type d'anomalie devenait de plus en plus fréquent. Les agences ouvraient maintenant de plus en plus souvent un compte différent par type de placement et par client. Cela permettait de gonfler artificiellement le nombre d'ouvertures de compte (bonjour les primes de rendement !) alors que le nombre de clients restait stable. En cas de décès, il devenait donc de plus en plus compliqué de rassembler l'ensemble des avoirs du défunt, et ce genre de retard s'avérait inévitable.

En attendant sa réaffectation vers sa véritable destination, cet argent transitait par un compte créé à cet effet, nommé compte de régularisation ou encore compte de suspens. Le cas se représentait donc une nouvelle fois et il se désespérait de devoir multiplier les démarches pour que cet argent parvienne à son destinataire quand il se rendit compte de quelque chose qui le fit sourire. « Ça alors, c'est pas mal. A un chiffre près, le numéro de ce compte, c'est le même que celui d'un de mes anciens clients à Guingamp, le père Dubron, le grainetier ». La coïncidence l'amusa, il s'étonna même de ne l'avoir pas remarqué plus tôt, et puis il n'y pensa plus. Par contre, quelques heures plus tard, alors qu'il subissait à la télé une de ces infâmes séries policières du jeudi soir, le flash lui vint. « Et si j'ouvrais moi-même un autre compte de régularisation, un compte bis, mais fantôme ? Il aurait le même nom que le compte officiel, mais je pourrais y faire transiter de l'argent. En m'y prenant comme il faut, ce serait du ni vu ni connu, personne n'y verrait que du feu ! »

L'idée était trouvée, mais il n'avait mis la main que sur un maillon de la chaîne. Il lui fallait compléter son réseau, car ce premier compte ne serait pas suffisant. Pour avoir un maximum de garanties, il lui sembla plus rationnel de copier directement l'organisation de la Banque Costarmoricaine, à savoir un compte fantôme de régularisation par agence, qui servait à recueillir les écritures en suspens des agences concernées. L'argent de ces comptes était ensuite viré sur un compte global, la copie conforme de celui qui lui servait à effectuer les virements des successions auprès des notaires. Il lui fallait donc monter son propre réseau, parallèle à celui de la Banque Costarmoricaine.

Il se mit donc à l'ouvrage. Dans cette phase de préparation, il faut dire que la chance le servit. Loïc Coatascorn appartenant au service des dépôts, son micro-ordinateur était également équipé, comme celui de tous les agents du service, du logiciel d'ouverture de compte. Au bout d'une semaine, il avait ouvert 81 comptes de régularisation, un par agence, ainsi que le fameux compte de régularisation global, clé de voûte de son édifice.

Son premier test consista dans le transfert du

placement du fameux Monsieur Dugnon qui l'embarrassait tant et qui était à l'origine de son idée. Il annula donc, après une double opération comptable débit-crédit, l'écriture initiale, celle qui avait amené le placement sur le compte de régularisation pour le recréer sur son propre compte de régularisation « agence ». Il regarda sur son écran le libellé de l'opération : il était rigoureusement identique à celui qui apparaissait avant l'annulation de l'écriture. Il avait poussé le perfectionnisme jusqu'à créer des numéros de comptes « régularisation agences » quasiment identiques aux comptes préexistants, ce qui fait qu'il fallait vraiment être attentif sur leur numérotation pour se rendre compte de la supercherie.

Loïc avait multiplié les sécurités. Il avait, à l'ouverture de chaque compte, coché la case « non » à la mention « édition du relevé de compte ». Moins il y aurait de papiers à traîner, mieux cela serait. Il avait même poussé le vice jusqu'à imiter la signature de son chef de service, Skol, sur chaque dossier d'ouverture de compte. « S'il savait, ce grand pommadé ». Il cacha ces dossiers dans une consigne de la gare. Toutes les précautions étaient bonnes à prendre.

La première phase de l'opération s'avérait un succès. Il pouvait soustraire de l'argent en toute impunité, mais il lui fallait maintenant trouver le moyen de le récupérer sans danger. L'édition de chéquiers ?

Loïc Coatascorn n'était pas chaud. Il voulait au maximum éviter de voir traîner des écrits où figurait le nom de ce fameux compte. Un retrait par carte bancaire ? Il n'en voulait pas non plus. Une carte bancaire coincée dans un distributeur, c'est si vite arrivé. Quand il était au guichet de l'agence de Guingamp, il ne comptait plus le nombre de cartes qu'il récupérait ainsi tous les mardis matin, après deux jours de fermeture. « Il faut que je me crée d'urgence un autre écran de protection sinon, ce fric, je ne vois pas comment je vais pouvoir le sortir ».

C'est son voisin de bureau, le vieux Sanyon, qui lui apporta sans le savoir quelques semaines plus tard la solution sur un plateau. Depuis le départ en retraite d'une de ses « camarades », la vieille mère Colette, il ne trouvait plus personne pour s'occuper du Comité de l'Action Sociale. Cet organe faisait partie du comité d'entreprise et servait à gérer les activités sociales et culturelles au sein de la Banque Costarmoricaine. La vieille Colette était détachée deux matinées par semaine pour s'occuper de la partie comptable et du courrier du comité, et c'était Sanyon, en tant que membre du Comité d'Entreprise, qui était chargé de trouver un remplaçant. Loïc vit immédiatement l'avantage qu'il pouvait retirer de ce détachement. « C'est l'occasion idéale ». Cela l'était en effet pour écouler les fonds qui commençaient déjà à arriver sur les fameux comptes de régularisation.

Il postula donc immédiatement, argumentant sur le fait qu'il maîtrisait suffisamment bien son boulot maintenant pour pouvoir se permettre ce détachement quelques heures par semaine. Sanyon, tout heureux et soulagé de voir que Loïc Coatascorn ne lui en voulait pas à la suite de sa passivité lors de sa mise à pied, appuya sa demande auprès de la direction et l'affaire fut conclue dans la semaine qui suivit.

Loïc, une heure chaque matin, tint donc sa permanence au C.A.S. Il avait choisi d'être présent le plus tôt possible dans la journée, car cela lui permettait d'être seul dans les locaux, la plupart du temps. Cela lui permit d'organiser à sa guise les mouvements de son compte de régularisation. Il en créa donc un nouveau, ouvert celui-là au nom du Comité de l'Action Sociale et tout aussi secret que les autres. Il le domicilia, pour plus de prudence, sur la boîte postale du C.A.S. Dès 7 h 30, il récupérait donc l'ensemble de son courrier particulier dans la plus parfaite discrétion, l'argent passant tranquillement du compte de régularisation à celui du C.A.S.

*

Loïc, étapes par étapes, construisait sa pyramide. Il savait qu'il lui en restait encore une autre à franchir, celle qui couperait définitivement l'argent détourné de son origine, à savoir la banque. Il lui fallait trouver une porte de sortie légale. L'idéal aurait été de trouver une justification plutôt sociale à ses versements, qui allaient donc s'organiser à partir du pseudo-compte du Comité de l'Action Sociale. C'est alors qu'il se remémora une conversation avec un de ses collègues, le grand Bernier. Il se rappelait parfaitement l'entendre dire que sa femme, travaillant au Conseil Général, avait vainement cherché à joindre les responsables de l'Association de l'Aide par le Travail (A.A.T.) afin de procéder au versement de la subvention annuelle. « C'est le monde à l'envers. Il faut les supplier de se mettre en rapport avec le Conseil Général pour qu'ils touchent leur oseille et ces cons-là ne se donnent même pas la peine de répondre ».

Coatascorn se mit en chasse. Grâce au Minitel, il découvrit sans peine les coordonnées de l'association. A l'adresse indiquée, il tomba en fait sur un atelier de musique expérimental (on était loin de son cher Springsteen) où un infâme chevelu lui indiqua obligeamment le nom du responsable de l'A.A.T. chez qui il faisait désormais suivre le courrier. En fait, en matière de courrier, il n'y en avait guère, et pour cause. Loïc apprit auprès du responsable de l'association, que celle-ci était dissoute depuis plus d'un an.

Loïc se rendit alors à la Préfecture, au bureau des

associations. Il se fit passer pour quelqu'un travaillant au service social du Conseil Général et cherchant des renseignements sur l'A.A.T. Il ne prenait pas grand risque, car l'ancien responsable lui avait précisé qu'il avait laissé les choses en l'état et n'avait pas jugé bon d'informer qui que ce soit de sa dissolution. Il obtint donc sans peine les renseignements qui lui étaient indispensables, l'aimable préposé (mais oui, ça arrive !) poussant même la gentillesse (entre fonctionnaires, il faut bien s'aider, pas vrai ?) jusqu'à lui fournir une photocopie de l'ensemble du dossier avec, en prime, celle des papiers d'identité des membres du conseil d'administration de l'A.A.T. Du pain béni…

Il ne restait alors plus qu'à mettre la dernière touche à son édifice. Le lendemain, la totalité des documents sous le bras, il se rendit au guichet d'une autre banque, le Crédit de Bretagne, afin d'ouvrir un compte au nom de l'A.A.T. Le guichetier se laissa un peu tirer l'oreille, car toutes les personnes du bureau (et pour cause !) n'étaient pas là. Loïc Coatascorn, qui s'était rajouté comme trésorier-adjoint sur la liste initiale des membres du bureau, joua alors le grand jeu. « Vous comprenez, tous les gens de l'association sont au four et au moulin, ils encadrent les jeunes, ils sont rarement disponibles. Par contre, si cela vous arrange, confiez-moi la fiche de signature, je vous la ramène signée par tous dans les plus brefs délais ».

Le brave employé se laissa fléchir, et quelques jours plus tard, les signatures étant imitées à la perfection, le compte était ouvert, et le premier chéquier au nom de l'A.A.T dans la poche de Loïc. Il pouvait l'utiliser le plus légalement du monde. Personne ne s'était rendu compte que toutes les signatures figurant sur le dossier d'ouverture du compte étaient contrefaites.

*

La boucle était bouclée. Du compte du client en passant par le compte de régularisation « agence » puis par le compte de régularisation global, puis par celui de Comité de l'Action Sociale pour aboutir au compte de l'Association de l'Aide par le Travail, Loïc avait tissé une véritable toile qui lui garantissait une véritable impunité. En une semaine, il avait fait circulé par sa ramification toutes les sommes qu'il avait bloquées initialement sur ses comptes de régularisation. Il se rendit donc dans une agence du Crédit Armoricain pour un premier retrait, mais par superstition, il préféra opter pour une autre agence que celle où le compte avait été ouvert. D'une main qui tremblait très légèrement, il signa le bordereau de retrait de 5.000 F, plia les dix coupures de 500 F dans son portefeuille, juste à côté de la photo de Chloé qu'il s'était toujours refusé de déchirer. Ce jour-là, il perçut son sourire énigmatique sur le papier glacé comme un signe non pas d'encouragement mais plutôt comme une acceptation tacite et se dirigea vers la sortie de l'agence d'un pas raffermi. « Sans haine, sans violence, sans armes » murmura-t-il, plagiant son désormais collègue Spaggiari.

Une fois dehors, il ne put s'empêcher de palper à nouveau le premier signe visible de sa manipulation. Il était incapable sur le moment d'analyser précisément la nature des sentiments qui l'habitaient en cet instant. Un mélange de fierté d'avoir réussi et de honte devant l'illégalité de son acte, mais surtout une grande frustration de ne pouvoir crier à la face du monde ce qu'il était capable de faire.

Il se sentait incapable de rentrer chez lui comme ça, comme si de rien n'était. Sa vie venait de basculer et il avait besoin d'agir en conséquence. Il décida de fêter l'événement (« Ce n'est que le début. Maintenant, ils vont voir, tous ces empafés ! ») en réalisant un de ses fantasmes, un somptueux repas dans l'un des restaurants les plus huppés du secteur.

Son choix se porta sur l'hôtel-restaurant « le Relais du Roy » à Guingamp. Guingamp ? Une façon comme une autre de cracher ostensiblement sur son passé, en s'offrant ce qu'il n'aurait jamais pu se permettre quand il trimait à l'agence, à quelques hectomètres. Provoc ? Ce soir, au diable la prudence, il se la faisait grand seigneur.

Une fois à table, choyé comme un prince, il opta

pour un plateau de fruits de mer, où les langoustines ressemblaient à de vraies langoustes, le tout arrosé d'un Macon blanc à se mettre à genoux. Loïc l'apprécia tant qu'il sentit à l'ivresse de la victoire se joindre une forme d'étourdissement, peu compatible avec la conduite automobile. Il prit une chambre sur place, se coucha, non sans avoir eu le temps de prononcer un ultime « Ce n'est que le début ». L'instant d'après, dans les bras conjoints de Morphée et de Bacchus, il ronflait comme une vieille loco.

III

Loïc s'installa donc avec délices dans ses nouvelles pantoufles de fraudeur. Fraudeur, le terme ne lui venait d'ailleurs pas à l'esprit. La seule victime en l'occurrence était le fisc, et, dans un pays où la fraude fiscale est érigée en sport national, il ne se sentait pas particulièrement mauvaise conscience. D'autres que lui l'avaient largement dépassés.

Cependant, Loïc Coatascorn n'allait pas se satisfaire longtemps des seules successions. Leurs produits étaient trop aléatoires, et il devait impérativement éviter de détourner celles qui représentaient des montants trop importants. Il s'était fixé une barre de cinq mille francs, sachant par expérience que les services du Contrôle Général de la Banque, chargés de vérifier l'application des procédures au sein de tous les services et des agences surnommés « l'IGS » par le personnel de la Banque Costarmoricaine vérifiaient rarement les montants inférieurs à cette somme.

L'appétit venant en mangeant, Loïc Coatascorn imagina très rapidement une seconde possibilité de rentrée. Il fut même étonné que l'idée ne l'eût pas effleuré plus tôt. « Et les bons de caisse, les fameux remboursements des bons de caisse ? ». L'idée était simple : les clients souscrivaient des bons, sur une durée de un ou de cinq ans et se les faisaient rembourser en agence une fois la durée du placement terminée. Le client, on l'a vu, avait alors le choix entre deux options, le brut et le net. On a vu aussi que la plupart d'entre eux se précipitaient sur la deuxième option, le remboursement en net. Dans neuf cas sur dix, le remboursement intégral des intérêts n'aurait pas suffi à leur faire payer des impôts, mais rien n'y faisait.

Loïc Coatascorn se mit donc à l'étude des remboursements des bons. Cette étude était d'autant plus facile que l'ensemble des bordereaux de remboursement des agences transitaient par le bureau de son voisin, le vénérable Francis Sanyon. En quelques semaines, il se confectionna un fichier personnel de plusieurs centaines de clients, qui avaient tous en commun le fait d'être gros consommateurs de bons et adeptes du remboursement en net. Il examina ensuite leur dossier « client » plus attentivement et notamment leur situation fiscale. Tous les ans, la plupart de ces braves gens venaient faire remplir leurs déclarations de revenus à la Banque Costarmoricaine et les guichetiers profitaient de mettre à jour leur fichier « client » en en y intégrant l'ensemble de leur situation fiscale de l'année.

Sur le plan de la confidentialité et du respect de la loi « informatique et libertés », tout cela était absolument illégal, mais le profit a ses raisons que la raison peut parfois ne pas connaître. Loïc consulta l'ensemble des fiches des clients qui constituaient son fameux fichier et ce qu'il y découvrit confirma ses espoirs « C'est génial ! A part quelques-uns, aucun de ces clients n'est imposable. »

La plupart d'entre eux, artisans commerçants ou agriculteurs en retraite, n'avaient pas de grosses pensions et étaient loin des seuils d'imposition. Loïc Coatascorn se livra alors à un travail de fourmi. Partant de l'ensemble des remboursements de bons sur l'année écoulée, Il édita le listing correspondant aux clients de son fameux fichier. Ensuite, il reprit le cas de chaque client et fit le calcul de chaque situation fiscale en simulant un remboursement de bons en brut, à savoir en déclarant tous les intérêts. Le résultat dépassa toutes ses espérances : sur 522 clients décortiqués, 477 restaient en dehors des griffes du fisc même en déclarant l'intégralité de leurs intérêts.

Dès lors, il n'y avait plus à hésiter, car la manœuvre était imparable et ne comportait pas le moindre risque. Dès qu'un bordereau d'un de « ses » 477 clients échouait sur le bureau de Sanyon, Loïc s'en emparait quand son collègue avait le dos tourné, ce qui heureusement arrivait assez souvent. Il changeait l'option de remboursement du bordereau en barrant l'option 2 (net) et en cochant la case 1 (brut) et versait la différence entre le brut et le net sur le fameux « compte de régularisation » de l'agence du client. Ce différentiel suivait ensuite le circuit mis en place par Loïc pour atterrir sur le compte de l'Association de l'Aide par le Travail.

Loïc jubilait. « Il n'y a pas de parade possible car, à part le fisc bien entendu, il n'y avait personne de lésé dans l'affaire ». Et il avait raison. Le client percevait les intérêts qu'il avait choisi de percevoir et la modification par Loïc de son taux de remboursement ne le rendait pas imposable pour autant. La banque n'était pas perdante elle non plus, car l'argent détourné aurait dû revenir au fisc. Seuls les services des Impôts auraient pu concevoir des raisons de se plaindre mais, comme le détournement ne dépassait pas le cadre de la banque, les états qu'ils recevaient de la Banque Costarmoricaine ne comportaient pas la moindre trace de ces disparitions. Et puis il faut bien dire que le fait même de tricher sur les bons de caisse le motivait. A chaque manipulation de ces grands rectangles de papier, il se revoyait l'année précédente découvrant avec stupeur le bon que Cureton avait dissimulé dans son bureau. Par bon interposé, il se vengeait du gros Cureton et cette vengeance n'en était que plus savoureuse. « Vieux salaud, va, si tu pouvais voir ça, tu en crèverais d'apoplexie ! ».

L'argent qui rentrait sur les comptes de Loïc commençait à prendre des proportions intéressantes, le plongeant dans une douce euphorie. Son esprit entier était tourné vers le mécanisme de sa belle machine, et il cherchait sans cesse à en améliorer le processus, tout en diversifiant ses sources d'approvisionnement. C'est donc tout naturellement, après avoir examiné, réexaminé la plupart des placements bancaires et leurs procédures de gestion par la Banque Costarmoricaine qu'il fixa son choix sur une troisième et dernière cible, les parts sociales.

La Banque Costarmoricaine possédait une caractéristique particulière, celle d'être mutualiste. Certains clients, ceux qui sollicitaient des prêts pour l'habitat se voyaient prélever des parts sociales (environ 1.000 F ou 2.000 F) et se voyaient décerner le titre ronflant de sociétaire. Par contre, de nombreux « sociétaires » ignoraient que ces parts sociales donnaient droit à versement d'intérêts. Il est vrai que ces sommes étaient recapitalisés sur les parts sociales, et que la Banque Costarmoricaine ne dépensait pas des trésors de communication pour expliquer le fonctionnement réel de cette retenue à la base au moment du prêt. D'ailleurs, comme elles étaient prélevées au départ d'un prêt courant sur 15 ans ou sur 20 ans, il n'y avait plus grand monde à se rappeler leur existence au moment de la fin du prêt. Un an après la fin de l'emprunt, elles prenaient la direction du Compte « Pertes et Profits » en attendant une autre utilisation et il était bien rare que le client ne les réclamât.

La politique de la Banque Costarmoricaine ressemblait assez à celle de l'autruche en la matière. Elle avait choisi de ne pas rappeler aux clients l'existence de ces parts au moment de l'expiration des prêts, attendant que le client se manifeste, ce qui arrivait très rarement. Il fallait alors, tout en se confondant en plates excuses, les retirer du compte « Pertes et Profits » où elles faisaient d'ailleurs des petits et procéder au remboursement de celles-ci « Avec toutes nos excuses, vraiment, je ne sais pas ce qui a dû se passer, il s'agit sûrement d'un problème informatique. Tenez, pour nous faire pardonner, à l'occasion de la nouvelle année qui approche, j'ai le plaisir de vous offrir un bel agenda. Et comptez sur nous, cela ne se reproduira plus ». La tâche n'était pas aisée et donnait lieu à une véritable gymnastique comptable, surtout quand l'échéance du prêt remontait à plusieurs années.

Au siège, il fallait une personne pour assurer cette gestion. C'était la tâche de la vénérable Monique Dufoyer, surnommée « Tronche de cane » du fait de sa similitude frappante (à part quelques années en plus) avec l'une des héroïnes du film « Quatre mariages et un enterrement ». Mais sous un aspect physique guère avantageux, la grande Monique cachait un cœur d'or et surtout une grande compétence professionnelle, car il faut bien avouer que, à part elle, personne ne comprenait rien au fonctionnement de ces parts sociales.

Et puis tout arrive. Monique tomba amoureuse un jour d'un fringant quinquagénaire de Merdrignac et demanda sa mutation pour le Centre Bretagne. Les demandes de poste pour les agences de la région ne se bousculant pas, elle n'eut aucun problème pour obtenir satisfaction. Elle fut remplacée par un tout jeune homme, Eros Tolomelli. Après plusieurs mois comme vacataire, il avait montré ses compétences et la Banque Costarmoricaine avait donc décidé de lui offrir un contrat à durée indéterminée, sous la forme d'un remplacement de la grande Monique. Il était un peu paumé au départ et fut bien content de voir Loïc Coatascorn lui donner un coup de main. Cela le surprit un peu, car il avait fréquenté le siège de la Banque Costarmoricaine en tant qu'intérimaire et jamais, ou alors en de très rares occasions, Loïc n'avait daigné lui adresser la parole.

Loïc, après s'être attiré les faveurs de son jeune collègue, passa à la deuxième partie de son plan. Le service administratif (dont l'un des démembrements principaux était le service des dépôts de Loïc) de la Banque Costarmoricaine éditait, afin de venir en aide au personnel du siège et des agences, un volumineux « Guide des procédures administratives ». Ce guide était périodiquement réactualisé par le Service des dépôts. Il était donc enfantin pour Loïc de s'en procurer une copie par voie de disquette, l'ensemble personnel du service administratif ayant libre accès aux données traitées au sein du service. Une fois en possession de cette copie, il se positionna sur le fichier correspondant au chapitre traitant des parts sociales. Il n'opéra qu'une modification, mais elle était de taille : les parts sociales et les intérêts non réclamés au bout d'un an après la fin du prêt devaient être versés sur les comptes régularisation des agences et non plus rester au siège sur le compte « Pertes et Profits » comme le guide le prévoyait jusque maintenant.

Loïc n'était pas fou. La modification qu'il venait d'effectuer sur le guide ne devait impérativement pas être divulguée à l'ensemble de ses possesseurs et utilisateurs, faute de quoi il y aurait toujours un petit malin pour se rendre compte de la modification. Il ne tira donc qu'un exemplaire de cette modification et il l'inséra discrètement dans le guide d'Eros Tolomelli. Ainsi, seul Tolomelli aurait en sa possession une version modifiée de la procédure à adopter pour le remboursement des fameuses parts sociales « Comme il n'y avait que lui à travailler sur le sujet, le risque de découverte de la supercherie n'est pas bien grand ».

Loïc peaufina encore la manœuvre. Tolomelli

« planant » encore et ne pouvant demander le moindre renseignement à Monique Dufoyer, encore en voyage de noce, il s'en remit à Loïc pour s'organiser dans son travail. Celui-ci n'en demandait pas tant. Dans le dos de son jeune collègue, il réorganisa les versements des parts sociales non réclamées, en créant tout un réseau de virements d'office sur ses propres comptes de régularisation « agence ». Il s'agissait de nombreuses sommes peu importantes qui tombaient chaque jour dans son escarcelle et qui, contrairement aux successions et aux bons, avaient l'avantage de la régularité. En effet, un an après le versement de la dernière mensualité du prêt, le virement d'office se déclenchait automatiquement en marche « Et si jamais il y a des réclamations, et bien, on remboursera ». Il n'y eut jamais aucune réclamation.

L'arnaque de Loïc reposait donc maintenant sur trois bases différentes : les successions, les remboursements des bons de caisse et les intérêts des parts sociales.

A la fin du premier mois de fonctionnement complet de ses trois sources de revenus, il se livra à un petit calcul. Il avait détourné un chiffre dépassant tout ce qu'il avait espéré, à savoir 51.815 F « Attends, Lolo, ne t'emballe pas, c'est exceptionnel. Attends un an avant de faire le point ». Mais, à la fin de la première année, il atteignait 600.000 F, et tout ça sans prendre de risque majeur.

Loïc n'attendit pas cette première année pour faire le point. Il se trouvait désormais à la tête d'une situation financière qu'il n'aurait jamais osé envisager, même dans ses rêves les plus fous. Ce n'était pas une raison pour changer attitude et comportement, au contraire. Rien de tout cela ne devait transparaître, tout du moins chez ceux qui le côtoyaient quotidiennement.

Son premier souci fut d'organiser méticuleusement sa journée, de façon à ce que personne ne suspecte une activité anormale. Le matin, dès 7 h 30 lors de sa permanence au comité de l'action sociale, il commençait par transférer le solde du compte de régularisation « agence » sur celui qu'il avait ouvert au nom du CAS, et il effectuait un deuxième virement, du même montant, sur le compte de l'Association de l'Aide par le Travail. Ainsi, en montant une heure plus tard aux dépôts, l'argent détourné la veille n'était plus dans les murs de la Banque Costarmoricaine. Son collègue Sanyon n'arrivant à son poste que vers 9 heures, il avait donc tout le temps de dépouiller le courrier du vieux syndicaliste. Il en extrayait les demandes de remboursement de bons de « ses » clients, ceux qui faisaient partie de son fichier personnel. Il demandait le remboursement en brut et versait la différence (car tous ses clients avaient demandé le net) sur ses comptes de régularisation « agence ». Comme il n'y en avait guère plus de quatre ou cinq par jour, tout était fini quand Sanyon arrivait dans le bureau, généralement au moment du café.

Loïc s'occupait ensuite de son propre boulot, les successions. Il avait rentré l'ensemble des dossiers sur le programme informatique approprié, mais en apportant un petit correctif à celui-ci. Il avait sollicité pour ce faire l'aide d'un collègue du service informatique, programmateur génial mais incapable de comprendre d'autres subtilités que celles de ses programmes. Celui-ci n'avait donc pas cherché à comprendre pourquoi Loïc voulait mettre un « clignotant » sur certains de ces dossiers.

Celui-ci tenait en effet à être averti quotidiennement dès qu'une succession de moins de 5.000 F n'avait pas été réclamée depuis au moins trois ans. « En dessous de 5.000 F, je ne risque aucun contrôle interne et passé trois ans, le fisc ne s'intéresse plus aux successions. Si je respecte ces deux paramètres, je suis tranquille ». Les dossiers dont le « clignotant » fonctionnait étaient donc tombés aux oubliettes et Loïc pouvait détourner leurs montants sur ses comptes de régularisation « agence » sans risques.

Enfin, le soir juste avant de partir, il faisait le tour de l'ensemble de ses comptes de régularisation « agence ». Ceux-ci, en plus de ses propres opérations de la journée, s'étaient enrichis de toutes les parts sociales qui venaient s'y agglomérer par la magie des virements automatiques mis en place par ses soins. Il transférait donc l'ensemble de ses soldes sur le compte de régularisation global et quittait ensuite son bureau tranquillement, avec le sentiment du devoir accompli.

Devant l'importance des montants, il poussa la précaution jusqu'à verrouiller son dispositif jusqu'en dehors de la banque. En effet, les sommes qui transitaient par le compte de l'Association de l'Aide par le Travail devenaient importantes, et peu compatibles avec le train de vie d'une petite association caritative. Il ouvrit donc plusieurs autres comptes bancaires, tous au nom de l'AAT, mais correspondant à des sous-sections en fonction de pseudo-activités de l'Association. Il se paya même le luxe, par jeu, d'ouvrir un compte titres sur l'un d'entre eux. Cela lui permit de mettre à profit les judicieux conseils de Le Glatin, l'as du service « Bourses » et avec lequel il partageait de temps en temps les repas à midi. Il profita notamment de l'effondrement de la bourse asiatique pour acheter des valeurs stables qui, hors conjoncture, n'auraient jamais dû baisser. Il les revendit quand elles reprirent leur valeur normale, empochant au passage une plus-value non négligeable.

S'étant garanti au maximum, il put enfin commencer à jouir des fruits de ses larcins. Il commença par s'occuper de son corps. Sa période « obèse » correspondait à une phase de sa vie qu'il avait maintenant envie d'oublier. Aussi c'est avec une ardeur non dissimulée qu'il se mit au régime. Il mangea moins, mais mieux, diminua fortement l'alcool pour n'en conserver que le plaisir en se cantonnant aux bières de qualité et de grands crus, et surtout se remit à faire du sport. C'est après un Tour de France particulièrement acharné qu'à la fin d'un mois de juillet, le virus du vélo le prit. Il se fit monter sur mesure un magnifique Colnago C40, une véritable petite merveille sur roues. Chez un autre détaillant (prudence, prudence, ne pas trop montrer son argent dans les mêmes endroits !), il se laissa tenter par un VTT, un Cannondale rouge vif particulièrement performant.

Ainsi équipé, il passa de longues heures de loisir sur ses engins, savourant le plaisir de redécouvrir sa région. En solitaire, il longeait les côtes, s'enfonçait dans la Bretagne profonde, l'Argoat, le Mené, de ces terres que les hommes quittent pour aller chercher fortune et chimères ailleurs. Il sortait souvent, même quand il faisait un temps à ne pas mettre un breton dehors, il compensait par un vélo d'appartement. Il prit également goût aux méthodes sophistiquées de relaxation. Dans un club de gym à cent mètres de chez lui, il s'initia à la volupté du hammam et de ses vapeurs à l'eucalyptus. Il en profita pour remodeler sa musculature et ses pectoraux prirent rapidement d'intéressantes proportions alors que son poids reprenait des proportions plus convenables, en affichant « 85 kilos, bon, c'est quand même mieux ».

Ces modifications sur sa silhouette ne passèrent pas inaperçues auprès de la gent féminine qui hantait le siège de la Banque Costarmoricaine. Même s'il s'était attaché à ne pas trop modifier son aspect vestimentaire, il sentait bien que la plupart de ces dames ne le regardaient plus du même œil. Les tentatives des plus hardies s'étant heurtées à un sourire poli, certaines pétasses ne tardèrent pas à lui tailler un costume qu'il ne portait pas.

— T'as vu Loïc Coatascorn comment il a minci. Je ne serai pas surprise s'il y avait là une histoire de fesses.

— Moi, je parierais pour la petite Sandra, des virements. Au restaurant d'entreprise, elle est presque toujours assise à sa table. Ne viens pas me dire que c'est un hasard.

De toutes façons, hasard ou pas, cela n'y aurait rien changé. Loïc avait bien remarqué le manège de la demoiselle, une jolie rousse aux yeux verts qui, en d'autres circonstances ne l'aurait pas laissé indifférent. Physique agréable, le sourire facile, mais il s'était assez vite rendu compte qu'elle était d'humeur changeante, du genre capricieuse, et qu'elle avait une très haute opinion de ses capacités professionnelles. Loïc eut en effet fréquemment l'occasion de se rendre compte que le moindre problème imprévu la désarçonnait, et les moues boudeuses d'enfant gâté qu'elle affichait alors ne contribuait pas à arranger les choses.

De toutes façons, s'il avait recherché la compagnie féminine, ce n'est certes pas au siège de la Banque Costarmoricaine qu'il serait venu faire son marché. Le terme « compagnie » était d'ailleurs impropre. Il n'avait aucune envie de voir qui que ce soit enfiler un jour les pantoufles de Chloé. Et puis, la double vie qu'il menait désormais ne l'incitait pas à un quelconque concubinage. Il prenait goût à sa vie de célibataire aisé et ne se sentait pas l'envie de la partager avec qui que ce soit. « Cela ne serait pas prudent » concluait-il les rares fois où l'idée lui venait à l'esprit.

Cependant, la nature ayant ses exigences et les plaisirs solitaires leurs limites, Loïc franchissait le pas de temps en temps. Ce n'était pas un dragueur dans l'âme, et il n'avait pas envie de perdre du temps en rencontres insignifiantes dans des bars ou dans des boîtes de nuit. Il préférait alors s'offrir les services d'une professionnelle. Il montait alors sur Rennes, où la vie souterraine est particulièrement intense, beaucoup plus qu'à Saint-Brieuc, où les occasions sont rares et celles de se faire repérer beaucoup plus nombreuses. Là-bas, il n'avait que l'embarras du choix, d'autant plus qu'il se montrait toujours généreux sur le plan financier. Les femmes qu'il choisissait ne lui posaient pas de questions, lui donnaient les plaisirs sophistiqués de qualité qu'il était venu chercher sans qu'il se sente obligé de leur prouver quoi que ce soit. Brune, blonde, rousse, peu lui importait, pourvu qu'elles aient cette générosité de formes qui n'occultaient pas le charme ni le maintien.

Un soir, dans une chambre d'hôtel, alors qu'ils fumaient ensemble la rituelle cigarette, sa compagne d'une heure lui posa la question qui la tracassait depuis le moment où elle l'avait abordé.

— Je m'en voudrais d'être indiscrète, et si ma question te gêne, ne te sens pas obligé de me répondre. Mais il y a un truc que je ne comprends pas. Tu es plutôt du genre beau mec, torse nu, tu ressembles à Weissmuller, tu as du fric, et tu baises divinement bien. Or, cela fait plusieurs fois que je te vois venir ici. Les putes t'attirent-t-elles à ce point ?

— Merci pour les compliments. Pour répondre à ta question, je te dirai tout d'abord que j'ai vécu une fois avec quelqu'un. Elle est partie et je n'ai pas envie de la remplacer. Quant au terme « pute », il ne me plaît pas trop. Qu'est-ce qui différencie ceux qui vendent leurs neurones pour un salaire de celles qui vendent leur cul pour du blé ? Pour moi, la philosophie est la même.

Il préféra ne pas ajouter qu'il avait une conception

particulière de la facturation de la cession de ses neurones à son employeur.

Quitte à vendre son âme et à prendre des risques, autant que cela en vaille la peine. Loïc décida donc de satisfaire ses caprices, car il pouvait désormais s'offrir à peu près tout ce qu'il voulait. Un de ses premiers achats fut un superbe téléviseur 16/9e le plus grand possible. Avec des enceintes partout, (« Le Virtual Dolby Surround, il n'y a rien de mieux », avait affirmé le vendeur), il avait vraiment l'impression de se croire au cinéma. Une fois l'installation en état de fonctionnement, il s'installa devant l'écran et mit la cassette de son film préféré « Out Of Africa ». Il adorait cette somptueuse histoire d'amour et il ne lassait pas de voir ce face à face entre Meryl Streep et Robert Redford. Pour lui, ce couple incarnait vraiment l'amour idéal entre deux personnes passionnées mais pleines de pudeur, intelligentes et pleines de respect l'une pour l'autre. En revoyant ce film pour la énième fois, il ne put une fois de plus s'empêcher de tracer un parallèle entre cette histoire et celle qu'il avait connue avec Chloé. Il aurait voulu vivre de tels moments avec elle, il ne trouverait jamais mieux qu'elle et pourtant cela n'avait pas marché. Alors à quoi bon s'obstiner ? Il y a des gens que l'amour renforce, et d'autres que l'amour détruit « Certains sont certainement faits pour ça, pas moi ».

Il se découvrit également une frénésie de voyages,

un besoin de quitter l'univers de la Banque Costarmoricaine, de découvrir d'autres paysages, d'autres cultures. Il résista dans un premier temps à la tentation sournoise du pèlerinage, à savoir celle de refaire les mêmes circuits que ceux qu'il avait effectués avec Chloé. Mais il avait sa conception bien particulière des voyages. S'il voulait bien bénéficier des conditions propres aux voyages de groupe, il était hors de question pour lui de devoir se plier à un programme ou à une discipline quelconque. Son programme, il l'établissait sur place et il choisissait ses guides lui-même. Il était ainsi persuadé de découvrir la face cachée des choses, celle que l'on ne montre pas toujours aux touristes de base.

C'est ainsi qu'il ramena des souvenirs merveilleux du Sud-Est asiatique et put comparer la réalité par rapport à tous ces noms qui avaient enchanté son enfance, quand il dévorait au fond de son lit son vieil atlas de géographie : la Thaïlande, le Cambodge, les temples d'Angkor, Sumatra, Java, Bali, Bornéo. Parmi les fantasmes de son enfance, figurait également le Mexique, qu'il visita de fond en comble, évitant soigneusement la pollution de Mexico et tous les clichés enchanteurs en provenance d'Acapulco. Il tint également à se faire une idée plus précise de la région des Grands lacs et du Kenya. Partant de Nairobi, il fit une boucle par le lac Victoria, apprit par la même occasion que les chutes du même nom se trouvaient sur le Zambèze au Zimbabwé, le Kilimandjaro pour arriver à Nairobi. Il s'était juré en regardant « Out of Africa » qu'il irait un jour marcher sur les traces de Meryl Streep et de Robert Redford. Il alla donc au Nord de Nairobi arpenter les chaînes du Ngong jusqu'au Mont Kenya, situé juste en dessous de l'équateur. Même si ce qu'il put y voir ne lui rappela en rien son film-fétiche, ce périple lui apporta une sensation de plénitude, comme quand on tient une promesse que l'on s'est faite depuis longtemps.

Mais les plus beaux souvenirs, c'est incontestablement du Brésil qu'il les ramena, à l'occasion d'un séjour de deux semaines. Il se fit tous les clichés possibles de Rio de Janeiro notamment la plage de la barre de Tijuca, le Corcovado, et eut même l'opportunité d'assister dans le mythique stade du Maracana au grand derby Fluminense/Flamengo, match pour lequel les places s'arrachaient à prix d'or. Il n'avait pas mis les pieds dans un stade de football en France depuis des années, rebuté par l'incommensurable connerie des supporters et par la pauvreté du spectacle le plus souvent proposé. Là, il fut comme envoûté par l'ambiance chaleureuse et bigarrée dans les tribunes ainsi que par la qualité du spectacle sur le terrain. Pendant son séjour, il fit exactement comme d'habitude, évitant soigneusement ses compagnons de voyage, préférant se fier à ses propres sensations. Par exemple, il fut le seul du groupe à s'aventurer dans les favelas, les bidonvilles de Rio. Là, c'était l'envers du décor, la misère à l'état brut. Sans le guide que le liftier lui avait indiqué, il ne serait sans doute jamais revenu entier.

Pendant les rares moments qu'il passait à l'hôtel, il adorait jouer au play-boy élégant (la musculation aidant, il avait désormais le physique de l'emploi) et un peu mystérieux, ne se mêlant que rarement aux groupes et aux conversations et arborant le plus souvent un air un peu énigmatique. Il ne pouvait parfois s'empêcher de sourire intérieurement en pensant à la tête que feraient ses voisins de chambre au Copacabana Palace s'ils connaissaient sa profession et surtout les moyens qu'il employait pour se payer de telles vacances.

Il avait certes les moyens de continuer à se payer ce type de loisirs pendant de longues années. Mais il finit par s'en lasser, trouvant cela un peu superficiel et vain. Il n'était pas fait pour épater la galerie, et le décalage entre ces vacances royales et son mode de vie usuel commençait à lui peser. La conclusion s'imposa d'elle-même : il lui fallait trouver une autre source de motivation pour continuer à prendre les risques qu'il acceptait quotidiennement. Sinon, il sentait bien qu'à terme, il finirait par se lasser. Or, il en voulait encore, il ne voulait pas avoir monté cette combine géniale pour la laisser tomber ainsi.

C'est au cours d'une de ses longues promenades sur la plage des Rosaires que l'idée lui vint si facilement, si naturellement qu'il ne comprit pas pourquoi elle ne lui était pas venue plus tôt : « Une maison au bord de la mer. Je veux une maison au bord de la mer ». Bien sûr, l'indispensable prudence reprit aussitôt le dessus. Il ne fallait surtout pas projeter d'acheter quoi que ce soit dans la région de Saint-Brieuc. Y ayant passé la majeure partie de sa vie, il savait qu'en devenant propriétaire sur une des plages environnantes, il ne se passerait pas un mois avant que l'on découvre son acquisition. Cela ferait jaser et on ne manquerait pas de s'interroger sur cette fortune tombée du ciel permettant à ce modeste employé, célibataire de surcroît, de s'offrir une maison dans un des coins les plus en vue de Saint-Brieuc. Non, décidément, il lui fallait trouver autre chose.

Loïc ne chercha pas bien longtemps. Il avait tout d'abord pensé à la côte du côté d'Erquy, et puis, se rendant sur les lieux, il avait rapidement renoncé. Trop de monde, trop de fric, et pas assez sauvage. En feuilletant une revue consacrée aux paysages des Côtes d'Armor, il tomba en arrêt sur une vue de Plougrescant et de la pointe du Château. Son cœur fit un bond dans sa poitrine. C'était là et nulle part ailleurs qu'il mènerait son projet à bien. Plougrescant, Buguelès, Port Blanc, Trestel, tous ces noms magiques lui rappelaient de formidables vacances qu'il avait passées avec ses copains de lycée alors qu'il avait à peine seize ans. Le lendemain, c'était un samedi. Il se coucha de très bonne heure, et dès 9 heures le lendemain matin, il était en route pour trouver la maison de ses rêves.

Il pensait au départ que ce serait facile. Il cherchait juste une maison de pêcheur, avec un petit jardin et un garage, et qui ait vue sur la mer grâce à une grande baie vitrée ou une véranda. Cela devait être relativement facile à trouver. Au bourg de Plougrescant et son drôle de clocher tordu, il tourna à gauche et se mit à suivre le circuit des ajoncs en collant à la mer le plus près possible de la côte. Au hameau du Castel, il craqua littéralement sur un phare étrange, une sorte de tour de guet juste à côté d'un atelier de peinture. Un peu plus loin, à Er Varen, se dressait une maison isolée face à la mer, exactement ce qu'il cherchait. Le seul problème, c'est qu'il ne trouva pas de la journée un seul panneau indiquant la mention recherchée, à savoir « A vendre », ou alors seulement pour des bicoques ne valant même pas le moindre regard. Sur l'une d'elles, il nota néanmoins le numéro de téléphone du notaire à Tréguier et il prit rendez-vous pour la semaine suivante.

Celui-ci ressemblait à tout, sauf à l'idée que l'on se fait d'un notaire de province. Jeune, décontracté, chemise ouverte, il écouta attentivement Loïc avant de prendre la parole.

— L'avantage avec vous, Monsieur Coatascorn, c'est que ce que vous cherchez est parfaitement ciblé. L'inconvénient, c'est que je ne vois pas grand-chose qui corresponde à ce que vous cherchez. A moins que… bien sûr, il y aurait…

— Vous pensez à quoi, précisément ?

— Je pense précisément à une petite maison qui a une vue magnifique juste au-dessus de Castel Meur. J'y suis allé une fois, et je pense que cela devrait tout à fait vous convenir. Seulement, l'ennui, c'est le propriétaire.

Le notaire expliqua en quelques mots la situation. Le propriétaire, un berrichon pure souche, était un vieux retraité de la Poste. Veuf de bonne heure, il était venu chercher l'oubli et la solitude en Bretagne. Mais, au bout d'une dizaine d'années, il s'y ennuyait tellement qu'il ne pensait plus qu'à une chose, à savoir rejoindre son Berry natal. Loïc, un peu surpris, se permit d'interrompre son interlocuteur.

— Pardonnez-moi, mais je ne vois pas bien ce qui gène. S'il a vécu toute sa vie du côté de Châteauroux, il est tout à fait compréhensible qu'il ne se fasse pas aux embruns et au vent d'Ouest.

— Le problème est effectivement ailleurs. Monsieur Maupas ne veut pas vendre à n'importe qui.

— Mais il veut vendre ou pas !

— Il veut vendre, mais à quelqu'un qui lui plaise. Vous savez, je lui ai bien recommandé une dizaine de clients depuis un an. Il me les a tous envoyés promener. Le dernier était un parisien un peu prétentieux qui lui a proposé le prix qu'il en voulait, chéquier en main. Maupas l'a chassé à coups de fusil. Même si les cartouches sont chargées avec du gros sel, j'imagine que cela doit faire un drôle d'effet. Vous comprenez maintenant pourquoi j'hésite quand je parle de cette maison devant un client.

Loïc comprenait. Il était néanmoins drôlement tenté par l'aventure. Qu'avait-il à perdre ? Quand il travaillait au guichet de Guingamp, il avait déjà eu affaire à de vieux drôles dans ce genre-là. Il savait par expérience qu'il ne fallait surtout pas les heurter de front, c'était perdu d'avance. Il fallait au contraire se montrer patient, persuasif, et se préparer à répéter plusieurs fois la même chose, un peu comme face à des enfants capricieux. Il demanda donc que le notaire programme un rendez-vous. Ce fut extrêmement rapide. Monsieur Maupas acceptait de le rencontrer et lui faire visiter sa maison dès la fin de l'après-midi.

En arrivant chez le terrible Monsieur Maupas, le cœur de Loïc fit un bond dans sa poitrine. C'était exactement ce qu'il cherchait. La maison se trouvait au fond d'une petite impasse, sans aucune indication. Lors de ses premières visites dans la région, Loïc était d'ailleurs passé juste à côté sans se douter de son existence. Une typique petite maison de pêcheur, ramassée sur elle-même, avec une grande baie vitrée donnant sur le spectacle de la mer venant s'écraser sur les rochers en face du Gouffre, le fameux gouffre de Plougrescant. Loïc était perdu dans ses pensées, et fut surpris d'entendre à quelques mètres de lui une grosse voix à l'accent un peu traînant :

— C'est vous qui voulez acheter ma bicoque ?

Loïc se retourna et fit face. Monsieur Maupas était un robuste sexagénaire, au moins aussi grand que lui, mais deux fois plus large. Dans son regard bleu acier, rien d'amical ne transparaissait, mais il ne semblait pas non plus y avoir d'animosité particulière.

— C'est moi. Loïc Coatascorn.

— Je connais votre nom. L'autre rigolo de notaire me l'a donné ce matin. C'est quoi votre boulot ?

— Je suis employé de banque.

— Les banquiers, c'est tous voleurs et compagnie. Pas vrai ? Bon, il commence à faire frais avec ce vent qui se lève. Vous entrez ou vous entrez pas ?

— J'entre.

L'intérieur valait l'extérieur. La pierre était apparente, les aménagements de qualité, tout ici respirait l'entretien, l'ordre, le ménage bien fait. La cuisine américaine très moderne, un peu inhabituelle chez un retraité, donnait sur un salon avec une grande cheminée. Ensuite, dans le couloir, on trouvait une grande salle de bains avec une baignoire monumentale, une chambre toute simple mais ensoleillée grâce à son exposition plein ouest, et un bureau rempli de rayonnages ployant sur le poids des livres, la porte du fond donnant sur le débarras et le garage.

La disposition des lieux convenait tout à fait à Loïc. En effet, il avait le nombre de pièces qu'il souhaitait, et il savait à l'avance qu'il se sentirait bien ici. Mais il s'efforça de n'en rien laisser paraître et de rester impassible, préférant laisser l'initiative à Monsieur Maupas.

Celui-ci ne traîna pas.

— Si cela ne vous plaît pas, autant me le dire tout de suite !

— Cela me plaît beaucoup au contraire. Tiens, c'est vous qui lisez cela ?

Loïc touchait du bout du doigt un ouvrage édité en Série Noire de Daeninckx « Métropolice », posé sur le rebord de la cheminée. Il tenait de ses parents libraires l'amour des livres, des beaux livres comme des romans policiers dont il était particulièrement friand.

— Vous connaissez Daeninckx ? demanda Maupas d'un ton brusquement radouci.

— Je pense bien. Actuellement, avec Pennac, c'est un de mes auteurs préférés. Daeninckx, je l'ai découvert avec « Meurtres pour mémoire ». Depuis, j'achète tout ce que je peux trouver de lui. Et puis, j'aime beaucoup ADG. je crois qu'il est de votre coin, si je ne m'abuse.

— Je pense bien, il est tourangeau. Mais, dites, si vous aimez les romans policiers, venez avec moi dans le bureau. Vous n'allez pas être déçu.

La bibliothèque de Maupas était une véritable caverne d'Ali Baba. Des centaines de romans policiers, tous soigneusement rangés par ordre alphabétique. Tous deux se mirent à discourir sur Chase, Ellroy, Scerbanenco, et autres Simenon, comparant les univers et les styles des uns et des autres. Si Maupas était visiblement un connaisseur, il se rendit vite compte que son jeune interlocuteur n'avait pas grand-chose à lui envier sur ce sujet. Puis Maupas, jetant un œil à sa montre, vit que l'heure tournait.

— Si vous n'avez rien de prévu, je vous garde à manger. Ce n'est pas tous les jours que je peux causer de mes bouquins. Et puis comme ça, on parlera aussi de la maison, si cela vous intéresse toujours.

Maupas se révéla un véritable cordon bleu et un homme passionnant à écouter. Il avait des tas de choses à raconter, et on sentait bien que ce qui lui avait manqué jusque-là, c'était une oreille attentive. Et puis, se mettant à tutoyer son invité, il aborda le sujet que Loïc attendait.

— Bon, c'est pas le tout. Si ma maison t'intéresse

et je sens bien qu'elle ne te laisse pas indifférent, jusqu'à combien tu es prêt à y mettre ?

— Je vais être franc. En tant qu'employé, vous devez bien vous douter que mes revenus ne sont pas énormes. De plus, je vis seul, ce qui limite mes facultés de remboursement. Néanmoins, je me suis fixé une limite de 700.000 francs hors frais.

— J'ai pas besoin de tout ça. 600.000, ça me convient. Et puis, je vais te dire une bonne chose. Je préfère traiter avec un gars dans ton genre à ce prix-là plutôt qu'avec un parigot méprisant et qui a toujours tout vu, même s'il m'en offre plus du double. Bon, on tope à 600.000 ?

— On tope !

— Tu verras, tu feras pas une mauvaise affaire. Bon, je vais prendre contact avec cet innocent de notaire. Il ne va pas en revenir quand je vais lui annoncer que je suis prêt à vendre, surtout à ce prix-là. Dame, ça va lui baisser sa commission. Tant pis pour lui, il trouvera bien d'autres pigeons à plumer. Allez, mon gars, reprends un coup. Ce vin-là, c'est un copain viticulteur de la région de Tours, de Montlouis plus précisément, qui me l'envoie. Avoue qu'il n'est pas mauvais. Allez, on porte un toast. A ton acquisition, et à mon retour chez moi. Depuis le temps que je n'y ai pas mis les pieds, cela a dû bien changer, mais là-bas, quand quelqu'un m'engueule en patois berrichon, j'ai de quoi lui répondre. Ici, avec votre breton, j'ai parfois l'impression d'être pris pour un étranger. C'est vrai que je n'ai jamais fait le moindre effort pour essayer d'y comprendre un traître mot. Allez, à la tienne !

Loïc trinqua. C'est vrai que le vin du vieux était particulièrement parfumé. Loïc, entre la bonne nouvelle de sa prochaine acquisition et les bouteilles de Saumur qui s'étaient succédé au cours du repas, baignait dans une douce euphorie. Il n'en revenait pas. Il s'était passé à peine une semaine entre le moment où il avait décidé d'acheter une maison et cette soirée mémorable, à l'issue de laquelle il allait devenir propriétaire d'une maison qui n'aurait pas ressemblé davantage à ses rêves s'il en avait lui-même dessiné les plans. Plus que jamais, il eut l'impression que le destin venait de lui faire un signe et que sa bonne étoile, après l'avoir boudé de longues années, venait enfin de se rappeler à son bon souvenir.

IV

Eros Tolomelli esquissa une grimace en sortant de son AX. Son genou, dès que le temps devenait un peu plus humide, le faisait toujours un peu souffrir. Ce n'était pas une question d'âge, loin de là. A vingt-deux ans, Eros ne se considérait pas encore comme un vieux schnock, mais il faut bien avouer qu'en ce qui concernait sa passion, à savoir le football de haut niveau, son heure était passée et on ne pouvait plus guère employer que l'imparfait en parlant de ses performances. Et pourtant…

Et pourtant, Eros Tolomelli était il y a un an encore un authentique espoir du football. Meneur de jeu de l'AS Saint-Brieuc, il faisait partie de ces rares joueurs qui vous renversaient le cours d'une partie sur leur seule inspiration. Il voyait le jeu avant tout le monde, et on aurait dit qu'avec son pied gauche, il posait le ballon là où il le voulait sur le terrain, aussi aisément qu'il l'eût fait avec la main. Il complétait cette adresse par des moyens physiques au-dessus de la moyenne, un cœur de marathonien enfermé dans un torse de décathlonien. A cette panoplie, s'ajoutait un état d'esprit tout à fait remarquable. On aurait été bien en peine de lui reprocher le moindre mot ou le moindre geste déplacé vis à vis de l'arbitre, de ses adversaires, ou du public. Eros était né gentleman, et ça, ça ne s'apprend pas. La cohorte des fées qui s'était penchée sur son berceau n'avait pas non plus négligé son physique. Avec ses longues boucles frisées, ses dents ivoire et son petit sourire moqueur, il ressemblait de façon frappante à Dominique Rocheteau et avait comme lui de quoi faire fondre la plupart des filles qui croisaient son chemin.

Seulement, Eros s'était fixé un but bien précis : devenir footballeur professionnel. Il repoussait gentiment mais fermement toutes les avances de ces demoiselles, qu'elles soient indirectes, à moitié formulées ou voire sans équivoque. Par contre, d'autres sirènes commençaient à retentir à ses oreilles : celles des sergents recruteurs des grands clubs de D1 qui souhaitaient le voir rejoindre leurs rangs. Même si, à vingt ans passés, il avait dépassé l'âge où l'on se fait détecter pour suivre la filière classique du centre de formation, Auxerre, Nantes, et surtout Rennes, le club de son cœur, lui avaient fait des propositions on ne peut plus concrètes. Or, autant Eros était vif sur un terrain, autant il était pondéré quand il avait à se prononcer sur son avenir. Il n'avait pas encore pris sa décision quand le destin lui força la main.

Ce match de coupe de France n'avait a priori rien de bien différent des autres. Il restait dix minutes à jouer et Saint-Brieuc menait 2.0. Leurs adversaires semblaient résignés et Eros avait encore réussi un match plein, offrant le premier but à son ailier gauche suite à une ouverture de quarante mètres et réalisant le deuxième en lobant le gardien avancé après un contrôle de la poitrine plein de sang-froid. Il s'était vraiment promené ce jour-là, ce qui avait sans doute eu pour effet d'énerver le milieu défensif qui lui servait de chien de garde. Celui-ci avait passé les 80 minutes précédentes à tenter de récupérer vainement un ballon qui le fuyait comme par magie. Pendant une fraction de seconde, la rage le submergea devant tant de facilité et perdit sa lucidité et au moment où, une nouvelle fois, le ballon revenait vers Eros. Il tacla méchamment celui-ci par derrière en se désintéressant complètement du ballon.

Pour le pauvre Eros, le reste se passa comme dans un brouillard. Le coup en lui-même n'était pas bien méchant, mais, comme il ne l'avait pas vu venir, sa réception fut malhabile et son genou droit, celui de la jambe d'appui, céda. Le kiné diagnostiqua immédiatement une grosse entorse, pour se transformer en rupture des ligaments croisés. Quand on lit aujourd'hui la presse sportive spécialisée, on a l'impression que ce type de blessure est monnaie courante, que la guérison va de soi, et que tout cela est à ranger au rayon des mauvais souvenirs au bout de quelques mois. Seulement, avec Eros, cela se passa assez mal. Il mit un temps fou à se remettre sur pied et, malgré des douleurs qui persistaient, il céda à la pression de son encadrement et rechaussa les crampons afin d'éviter à son club le danger de la descente en division inférieure « il faut que tu joues dimanche, Eros, sans toi, on ne s'en sortira pas ». Il joua exactement neuf minutes, ses neuf dernières minutes à lui, car son genou mal rétabli le lâcha à nouveau. Les inévitables complications médicales qui s'en suivirent sonnèrent le glas de la carrière sportive d'Eros Tolomelli : il n'allait plus jamais retrouver la flexibilité de son articulation et dut, la mort dans l'âme, renoncer à ses rêves.

Son moral fut, au moins, aussi long à reconstruire. Celui à qui la vie a toujours souri est forcément moins bien armé quand surviennent les coups du sort. Eros traversa donc une sale période, où le bistrot et la bière à bon marché prirent dans son quotidien une place qu'ils n'auraient jamais dû prendre. Sa situation financière se dégradait rapidement et il allait arriver en fin de droits quand le miracle se produisit.

Sortant de chez lui pour aller comme tous les jours au bistrot du coin, il se heurta à un dirigeant de son ancien club, Jean Marc Demaison. Celui-ci, outre ses fonctions de membre éminent du conseil d'administration de l'AS Saint-Brieuc, avait également un poste à responsabilités au sein de la Banque Costarmoricaine, la fameuse Banque Costarmoricaine.

Jean Marc Demaison faisait partie d'une espèce d'individus que l'on rencontre de plus en plus rarement, un bénévole parfaitement désintéressé. Plus que quiconque, il savait ce que l'AS Saint-Brieuc devait à Tolomelli, et il estimait que le club en général et lui en particulier ne pouvait pas laisser tomber ainsi le jeune homme. Ils discutèrent longuement devant un café et promirent de se revoir. Avant de partir, Demaison avertit Eros.

— Petit, tu es en train de t'enfoncer. Si les choses en restent là, dans trois mois, les flics te ramasseront au coin de la rue. Tu vaux mieux que cela. Si tu es prêt à te ressaisir, je veux bien t'aider, mais à une seule condition : je ne veux plus jamais te revoir dans ce bistrot. On est OK ?

— On est OK !

— Je te rappelle d'ici deux à trois semaines. J'aurai sûrement du nouveau.

L'idée de Demaison était simple. Il voulait faire rentrer Eros comme intérimaire au siège de la Banque Costarmoricaine, et lui confier l'équipe de football corpo qui battait sérieusement de l'aile. Il comptait pour cela sur deux atouts : tout d'abord, le fait que les hauts responsables de la Banque

Costarmoricaine, établissement très impliqué dans la vie associative et sportive, étaient à l'affût de ce qui pouvait renforcer l'image sportive et dynamique de l'établissement le sport corporatif était une de leurs marottes. Le deuxième atout était le nom même d'Eros Tolomelli. Même s'il ne jouait plus depuis près d'un an, toutes les personnes intéressées par le sport avaient encore son nom en mémoire. Jean Marc Demaison n'eut guère de problèmes pour engager Tolomelli comme vacataire pour six mois, avec une titularisation en vue s'il faisait l'affaire.

*

Eros, conscient de l'opportunité qui se présentait, ne se le fit pas dire deux fois. Il avait déjà trop vu nombre de footballeurs incapables d'assumer leur reconversion, n'arrivant pas à se faire à l'idée que leur salaire serait désormais plus proche des 6.000 F que les dizaines de milliers de francs qui venaient gonfler tous les mois leur compte bancaire. Il avait certes connu un passage à vide après sa sortie des terrains et voilà qu'on lui tendait une perche providentielle sous la forme d'un boulot à temps plein et dans un cadre plutôt rassurant, celui de la banque. Mais ce qui l'intéressait encore d'avantage, c'était l'encadrement de l'équipe corpo. Il n'était pas enfant d'instituteurs pour rien et avait déjà songé à préparer ses diplômes d'entraîneur afin d'assurer son avenir. Voilà qu'on lui offrait sur un plateau une première occasion de mettre son savoir sur le football en pratique.

Certes, il aurait préféré tester ses capacités de formateur sur des jeunes footballeurs, et commencer par des élèves plus ambitieux que les quadragénaires un peu poussifs de la Banque Costarmoricaine, mais « A la guerre comme à la guerre ». Mais ceux-ci lui firent un tel accueil à son arrivée à la tête de l'équipe et montrèrent tellement de bonne volonté pour apprendre et pour progresser qu'il prit un réel plaisir à diriger son équipe. Par contre, le reste de son travail ne se passait pas toujours aussi bien. Eros n'était pas bête, loin de là, et montrait même d'excellentes capacités d'adaptation à un monde inconnu, ce qui fait qu'il accomplissait un travail réellement soigné. Mais l'univers de la Caisse Régionale de la Banque Costarmoricaine lui était pesant. On ne lui faisait aucun cadeau. Les bien-pensants critiquaient sa tenue vestimentaire plutôt décontractée, ses cheveux longs et sa boucle d'oreille, d'autres ne se privaient pas de se moquer de sa démarche un peu raide. En fait, chacun enviait sa position de salarié privilégié qui lui attirait bien des rancœurs et des jalousies.

Celles-ci d'ailleurs empirèrent quand, au bout des six mois d'essai, la Banque Costarmoricaine décida de le garder. On décida alors de le transférer aux dépôts, sous la direction de Daniel Skol. Celui-ci avait un poste de libre, celui de la gestion des parts sociales, poste que Monique Dufoyer venait, on s'en souvient, de laisser vacant.

Aux Dépôts, ce ne fut ni mieux, ni pire, mais l'avantage, c'est qu'il se trouvait dans un service isolé où il ne voyait pas grand-monde. Eros Tolomelli se trouvait en effet tout au bout du couloir des dépôts, dans un des deux bureaux du fond. L'autre bureau était occupé par Francis Sanyon, qui n'était pas souvent là, et par Loïc Coatascorn qui quoique l'air très affairé, ne donnait pas l'impression d'être réellement concerné par le fonctionnement de la maison. Ce ne fut certes pas simple au départ et Eros, à plusieurs reprises, fut à deux doigts de se décourager. La gestion des parts sociales n'était pas une tâche compliquée en soi, mais son problème principal était de trouver des interlocuteurs capables de l'aiguiller en cas d'hésitation.

Il apprécia d'autant plus le coup de main que lui donna Loïc Coatascorn lors de ses premières semaines, ignorant bien sûr complètement les motivations profondes de ce dernier qui mettait, à ce moment-là, une dernière main à sa procédure de détournement de fonds. Eros ne se doutait pas un seul instant de ce que Coatascorn manigançait. Il trouva du coup bien sympathique ce grand brun taciturne à l'allure sportive. Il tenta à plusieurs reprises, une fois ses marques prises au sein de son nouveau poste, de faire davantage connaissance avec Loïc à la pause-café, au restaurant administratif, sur le parking, mais il se heurta à chaque fois à une sorte d'indifférence polie, des sourires conventionnels et glacés, de nature à décourager les plus insistants. Eros comprit le message muet et n'insista pas davantage.

Loïc de son côté pensait. « Pas de risques, pas de risques. Cela marche trop bien pour le moment, je ne peux prendre le risque d'insérer moi-même un grain de sable dans la mécanique ». Tout d'abord, parce qu'il est vrai qu'il estimait que sa sécurité lui imposait de limiter au maximum les contacts avec ses collègues de travail. Et puis, il ne se serait pas senti très à l'aise moralement en se liant d'amitié avec Eros, alors qu'il se servait de son inexpérience pour détourner à son profit des intérêts de parts sociales, sommes qui s'avéraient de plus en plus conséquentes. Plus que jamais Loïc devait rester prudent, attentif à n'éveiller aucun soupçon.

Pour le moment, toutes ses pensées étaient orientées dans une seule direction, sa maison de Plougrescant. Toutes les semaines, il attendait avec impatience le moment où il allait reprendre la route de Castel Meur. Il se plaisait dans cette petite maison, au cœur d'une région qu'il redécouvrait à chaque fois avec un peu plus de plaisir.

Rares étaient les week-ends où il n'allait pas chez lui à Plougrescant. Il lui arrivait certes encore de temps en temps d'assister à un concert à Rennes, voire même jusqu'à Paris. Mais il fallait vraiment que ce soit pour des gens qui l'inspiraient particulièrement, du style Higelin, Cabrel ou Springsteen. Les autres fins de semaine, son emploi du temps était réglé comme du papier à musique. Son sac était prêt dès le vendredi au fond du coffre de sa vieille Tipo, ce qui fait que dès 16 h 30, il prenait la direction de son paradis. En route, il s'arrêtait acheter l'essentiel dans un supermarché à Tréguier et, vers 18 h 30, il arrivait à bon port. Une fois que les flammes crépitaient dans la cheminée, il s'offrait son rituel péché mignon qui prenait invariablement la forme d'une demi-bouteille de champagne. Enfoncé dans un fauteuil moelleux, il savourait ces moments de bonheur. Il lui semblait que rien ne pourrait le rendre plus heureux que de se recroqueviller ainsi au fond de sa coquille et de célébrer Épicure en solitaire.

Il n'avait pas voulu calculer les sommes d'argent investies pour meubler son refuge à son goût, mais une chose est sûre : il n'avait pas regardé au prix, loin de là. Il s'était offert la même installation TV qu'à Saint-Brieuc et l'avait complétée par une chaîne stéréo somptueuse, qui distillait, en grave comme en aigu, des sons d'une pureté de cristal. Il avait conservé le principe de la cuisine américaine choisi par l'ancien propriétaire, le père Maupas, mais celle-ci était intégralement encastrée toute en pin anglais. Le reste du mobilier était du même bois, ce qui donnait à l'ensemble des teintes blondes, chaleureuses, confortables. Afin de profiter encore un peu plus de la mer qui venait se fracasser sur les rochers à quelques dizaines de mètres de là, il avait fait agrandir les fenêtres tout en renforçant leur isolation. Il avait ainsi l'impression grisante de voir les vagues se déchaîner près de chez lui, le tout dans le plus parfait silence. Le contraste était saisissant.

Loïc tenait à sa solitude comme à une pierre précieuse, mais il ne tenait pas pour autant à se cloîtrer. Il était bien rare qu'il ne sorte son VTT et qu'il prenne la direction du chemin des ajoncs qui longeait la côte. Généralement, il descendait jusqu'à la pointe du Château, avant d'obliquer vers le Gouffre et sa fameuse petite maison entre les rochers. Il passait ensuite Porz Scaff, le petit hameau de Ralevy, l'anse de Gouermel, avant d'escalader les hauteurs de Buguélès. Puis Port Blanc s'offrait ensuite à ses regards. Il aimait s'arrêter au bord de la petite plage juste après le camping des Dunes. Le sable y était d'une blancheur à nulle autre semblable, c'en était presque irréel et cela vous éblouissait au moindre petit rayon de soleil. Il poussait ensuite jusqu'à Trestel, connu surtout pour son centre de rééducation. Pour Loïc, Trestel, cela lui rappelait ces fameuses vacances de 1979 avec ses copains de lycée et surtout cette boîte de nuit « Les Flambeaux », en haut de la côte sur la route qui menait à Trévou Tréguinec. En passant devant ces murs désormais vénérables, il lui semblait encore entendre résonner les échos de Dr Feelgood (« Back in the Night ») et de Kiss (« I was made for lovin'you »). Désormais reconverti en pub, le « Lagon bleu » n'offrait plus le même cachet, mais il n'était pas sûr de posséder suffisamment d'objectivité pour en juger sereinement. Nostalgie, quand tu nous tiens…

Loïc, s'il se reconnaissait effectivement un certain penchant pour le spleen nostalgique, entendait également faire honneur aux plaisirs du quotidien, ceux de la gastronomie entre autres. Ne se sentant pas particulièrement la vocation d'un cordon bleu, il préférait confier son palais de gourmet gourmand aux bonnes tables de la région. Tout à côté de chez lui, il fréquentait assidûment celle du Pors Hir, qui avait le double avantage d'être une référence en matière de fruits de mer et de se trouver à quelques encablures de son logis. Il pouvait donc abuser sans vergogne de la diversité de la cave du restaurateur et rentrer chez lui sans craindre une suspension de permis toujours gênante. Parfois, son inspiration le poussait du côté de Trégastel, où il ne dédaignait pas faire une petite halte gastronomique après une séance de hammam au forum de la mer, situé juste en face de l'étendue liquide et salée qui porte le même nom et qui offrait à ses visiteurs un panorama inoubliable. Il s'offrait aussi de temps en temps une virée jusqu'à Tréguier où il se laissait prendre par la magie des vieux quartiers.

C'est au cours d'une de ses soirées un vendredi à Tréguier qu'il se retrouva, par le plus grand des hasards, branché en prise directe avec son passé. Après s'être offert un petit plaisir au restaurant « Castel Trégor », il était redescendu au bord du Jaudy boire une (voire plus si affinités) bière aux « Passagers du vent », un bar pittoresque qui avait repris le nom de la célèbre BD, même la calligraphie du titre avait été reproduite à la perfection. Assis à une table isolée, il sirotait une « Kwak » se laissant bercer par l'ambiance chaleureuse et les lumières douces. C'est alors qu'une séduisante apparition se matérialisa devant lui. Une grande jeune femme blonde aux cheveux très courts, yeux gris, jean et gros pull marin. Elle lui souriait de toutes ses dents et une drôle de lueur dansait dans ses yeux :

— On se connaît, n'est ce pas ?

— Je ne pense pas, et vous m'en voyez sincèrement désolé.

— Pourtant, tu t'appelles bien Loïc. Tu avais un nom de famille bien breton, mais pas très courant… Coatascorn. C'est ça. Loïc Coatascorn. Je me trompe ?

D'instinct, Loïc fut sur ses gardes. Cela ne dura pas, car la clé de l'énigme lui fut immédiatement fournie.

— Je sais bien que cela fait un bail, mais je ne pensais pas que tu m'avais oubliée. Nicole, le camping des Dunes à Port Blanc, les « Flambeaux ».

— Nicole, Nicole Broudic ! Bien sûr que je me souviens ! assieds-toi !

Les souvenirs lui étaient revenus tout d'un coup. Les vacances de 1979, le camping des Dunes, les copains du lycée, toute la bande logée dans deux ou trois tentes un peu à l'écart le plus près possible de l'eau. Nicole était une des filles qui habitait la région et qui traînait avec les copains de Loïc, sûrement une des plus jolies et des plus émancipées.

— Tu sais, Loïc, je n'ai rien oublié. Tu étais un des seuls qui ne me regardait pas.

Loïc sourit sans répondre. Soit c'était de l'hypocrisie, soit la mémoire lui faisait défaut. Il se rappelait parfaitement Nicole et son assurance. C'est plutôt lui qui n'osait pas la regarder de trop près. A l'époque, Loïc était loin d'avoir évacué tous ses complexes et sa timidité. Ses silences étaient encore sa meilleure armure. En fait, avec le temps, peu de choses avaient changé.

Le reste de la soirée fila comme un rêve. Nicole habitait le bourg de Penvénan à l'époque, et travaillait maintenant au supermarché de Tréguier. De temps à autre comme ce soir, elle venait donner un coup de main aux « Passagers du vent » que tenait son cousin. En ce vendredi soir contrairement à l'habitude, il n'y avait pas grand monde, ce qui fait qu'ils purent passer une bonne partie de la soirée à échanger des souvenirs et à disserter sur le temps qui passe. Nicole vivait seule la plupart du temps et n'entretenait que de relations épisodiques avec un ex, qui vivait à Paris et qui ne revenait en Bretagne qu'en de trop rares occasions. Au fur et à mesure de ses confidences un brin désabusées, Loïc se sentait de plus en plus attiré par le mélange de provocation et de sérénité que représentait Nicole, la nostalgie du passé mêlée au désir du présent en quelque sorte. Loïc eut envie d'elle et ne put le lui cacher bien longtemps.

— Tu as envie de faire un retour vers le passé, Loïc ? C'est loin tout ça, cela fait si longtemps…

— A partir du moment où rien de réellement concret ne s'est passé entre nous à l'époque, j'estime qu'on a au contraire beaucoup de choses à découvrir. C'est plutôt d'avenir dont j'ai envie de parler, de concrétiser près de vingt ans après ce qui aurait pu se produire à l'époque. Vingt ans après, même si nous ne sommes que deux mousquetaires, cela me paraît jouable. Pas toi ?

Nicole fit une petite grimace que Loïc interpréta comme un assentiment complice. Il eut cependant un bref moment d'hésitation. Chez lui ou chez elle ?

C'est Nicole qui trancha :

— Où habites-tu ? Ce soir, j'ai envie de découcher.

Pour la première fois depuis bien longtemps, Loïc fit passer la prudence après ses envies et ils prirent le chemin de Castel Meur.

Le hasard fait parfois bien les choses. Le mardi suivant était férié et ils faisaient le « pont » tous les deux. C'était donc un long week-end qui s'offrait à eux et ils ne manquèrent pas l'occasion d'en profiter, à tous points de vue. Nicole se révéla maîtresse experte et sophistiquée, une compagne attentionnée, pleine d'humour et de tendresse avec un petit côté « midinette fleur bleue » qui fit littéralement fondre Loïc.

Pendant qu'ils se promenaient le long de la côte main dans la main, celui-ci réfléchissait. Il s'était toujours juré qu'il n'y aurait plus jamais personne après Chloé, car il était sûr qu'elle avait tout cassé après elle. Et voilà qu'il se découvrait l'envie d'étreindre, de caresser, et de partager. Mais pourrait-il lui cacher longtemps son secret ? Nicole était loin d'être sotte, et elle se rendrait vite compte qu'il y avait anguille sous roche. Il décida d'en avoir le cœur net le plus vite possible. Un peu plus tard, le feu flambait dans la cheminée et les rochers avec le soleil couchant étaient d'une beauté presque irréelle à force d'être parfaite.

— Nicole, je voudrais te faire une confidence. Je te demande de garder lc secret, car tu comprendras de toi-même qu'il s'agit d'une chose à ne pas répéter.

— Que veux-tu dire exactement ?

— Quand tu m'as demandé d'où me venait cette maison, je t'ai parlé d'héritage. Ce n'est pas tout à fait vrai. Cet héritage, en fait, je me le constitue moi-même à ma façon.

Loïc lui expliqua tout, depuis le début. Son entrée à la Banque Costarmoricaine, ses espoirs déçus, les traquenards dans lesquels il était tombé, la mise au point de sa vengeance ; sa prise de conscience de ce que l'argent allait représenter et l'utilisation qu'il allait pouvoir en faire. Il n'avait jamais pensé faire une telle confession aussi facilement, aussi complètement, et surtout à quelqu'un avec qui il n'était réellement proche que depuis quelques heures. Sortir cette longue tirade lui fit un bien fou, cela lui donnait la fausse impression que tout cela n'était pas si grave que cela en fait, puisqu'il suffisait de si peu de mots pour le dire.

Pendant son monologue, pas un instant son regard n'avait croisé celui de la jeune fille. Quand leurs yeux se rencontrèrent à nouveau, ceux de Nicole étaient d'une couleur acier, à faire froid dans le dos.

— On ne devrait jamais vieillir, Loïc. Pendant ces trois jours, j'ai cru que tout était possible, que toi et moi on avait toujours seize ans et que l'on vivait maintenant l'histoire d'amour qui ne s'était pas déclarée entre nous, quelque chose d'encore mieux que des souvenirs. Maintenant, je découvre en toi un voleur, un simple voleur qui se cache pour se payer de la puissance et du rêve. Oh, ce n'est pas l'illégalité que je réprouve dans son fond, mais c'est plutôt la forme. C'est mesquin, de l'escroquerie comptable, ça me dégoûte. A la limite, j'aurais préféré une révolte les armes à la main pour une idée, pour du fric à claquer tout de suite, mais pas ça.

Nicole se leva. Loïc ne la regardait plus, les yeux fixés sur son verre. Elle ajouta.

— Sois tranquille, je n'en parlerai jamais à personne. Jamais je n'aurai voulu entendre ce que tu viens de me dire. Salut ! Sans rancunes, j'ai passé un week-end merveilleux, mais ne cherche surtout pas à me revoir !

Il est inutile de dire que les idées s'entrechoquèrent dans le crâne de Loïc jusque très tard dans la nuit. Il avait toujours voulu se persuader d'une certaine légitimité de son acte, et voilà que la première personne avec laquelle il abordait le sujet lui en démontrait la futilité et la médiocrité. La pilule avait vraiment du mal à passer. Reprenant l'argumentation de son éphémère égérie, il s'attacha, entre deux rasades de « Southern Comfort » à se prouver qu'elle l'avait jugé à la légère. Et plus il y pensait, plus il trouvait qu'elle s'était montrée objective. Il avait fait tout ça pour se venger, et il y était parvenu. Mais maintenant, il amassait, thésaurisait en multipliant les précautions. Il était devenu un petit bourgeois de l'arnaque, et sa fronde se noyait dans le conformisme et les exigences de la société de consommation. Il avait réussi, mais était dans l'impasse. Qu'allait-il faire maintenant ? Quitte ou double ? Continuer à escroquer comme si de rien n'était en n'étouffant les voix de sa conscience qui allaient certainement se faire de plus en plus fortes, ou tout arrêter, lâcher tout, partir en emmenant juste un petit pécule de quoi commencer une nouvelle vie ailleurs.

Les premières lueurs du jour n'allaient pas tarder à poindre, et la bouteille de « Southern Comfort » gisait par terre aussi vide que l'était son esprit. Il eut cependant assez de lucidité pour décider de ne rien décider, et que demain serait un autre jour. Il se traîna jusqu'à son lit sur lequel il s'affala tout habillé. Quelques instants plus tard, il sombrait dans un de ces sommeils d'ivrogne, particulièrement agités, entrecoupés d'imprécations vengeresses et de ronflements sonores.

Le mercredi matin, en se garant sur le parking de la banque, Loïc n'avait toujours pas pris de décision quant à son avenir. Il avait certes de plus en plus envie de tout plaquer, mais tenait à ce que tout se passe sans éveiller l'attention de qui que ce soit. Il lui faudrait vendre sa maison. Cela ne l'inquiétait guère, car il était sûr de trouver preneur avec plus-value à la clé. Avec ce capital de départ, tout serait plus simple.

Il lui sembla recouvrer un peu de sérénité, de quoi envisager l'avenir avec un peu plus d'optimisme. Mais c'est alors que tout bascula.

Après sa traditionnelle permanence au Comité des Œuvres Sociales où il avait expédié ses affaires courantes si particulières, Loïc remontait tranquillement au service des dépôts. Autour de lui, flottait l'atmosphère habituelle des reprises de travail après un pont, morose et silencieuse. En arrivant à son bureau, il chercha des yeux l'infâme caban du père Sanyon, mais son collègue n'avait toujours pas réintégré la tanière. Par contre, la lumière était déjà allumée dans le bureau de son voisin, Eros Tolomelli. Celui-ci n'attendit pas longtemps avant de faire irruption dans le bureau. Le délai fut même si court que Loïc ne douta pas un seul instant que son voisin l'attendait et guettait même sûrement son arrivée. Son air hagard, l'alerta aussitôt.

— Salut, Loïc. Excuse-moi de te prendre comme cela au saut du lit, mais j'ai peur d'avoir fait une connerie et une grosse. Avant que cela ne vienne aux oreilles de Skol, je préférerais t'en parler histoire de voir si tu pouvais m'arranger les bidons.

Loïc soupira. Il ne se passait pas une semaine sans

qu'Eros ne vienne le voir à la suite d'une bourde le plus souvent imaginaire. Tolomelli était un gars certes consciencieux mais d'une étourderie assez impressionnante et il arrivait fréquemment qu'il débarque dans le bureau voisin, celui de Loïc et de Sanyon, persuadé d'avoir commis une épouvantable erreur alors que, la plupart du temps, il s'agissait de fautes tout à fait bénignes, absolument pas de nature à créer un séisme.

— Alors, Eros, le problème d'aujourd'hui, en quoi consiste-t-il ?

— Tu me jures de garder ça pour toi ?

— Mais oui ! allez accouche !

— Eh bien voilà, c'est au sujet des parts sociales non réclamées. J'ai eu en fin de semaine dernière Madame Dufoyer, tu sais la grande Monique qui bossait avant moi aux parts sociales avant d'être mutée à Merdrignac. Elle m'a dit que, de son temps, ces parts ne transitaient pas par les comptes de régularisation « agence », mais qu'elles étaient versées directement sur le compte « pertes et profits ». J'ai eu une peur bleue de m'être gouré encore une fois, mais quand j'ai relu le guide des procédures administratives, j'ai bien vu que j'étais dans le vrai, mais je voulais ton avis avant.

Loïc sentit une sueur glacée lui couler le long de la colonne vertébrale. Ce petit con avait découvert la manip, la falsification de son guide des procédures, le détournement des parts sociales. Si ça se trouvait, avec son air faussement affolé, Tolomelli était en train de le tester. Loïc décida de gagner du temps.

— Mon pauvre garçon, ce n'était vraiment pas la peine de t'inquiéter pour si peu. C'est sûr que « Tronche de cane » ne pouvait pas être au courant de ce changement dans les remboursements, car cette nouvelle procédure a dû survenir quelques temps après son départ. Regarde sur ton guide à la page en question. la date de la mise en application doit y figurer. Loïc était d'autant plus sûr qu'elle y figurait que c'est lui-même, en modifiant la fameuse page du guide de son voisin, qui l'avait inscrite. Eros Tolomelli poussa un soupir de soulagement.

— J'aime mieux ça et je te remercie. Heureusement que tu es là !

— Pas de quoi !

Loïc sortit de la pièce presque en courant et se précipita vers les toilettes, afin que personne ne remarque qu'il était devenu tout blanc. Plus que jamais, il avait besoin de faire le point et pour réfléchir, il devait être seul.

Assis sur la cuvette, le cœur aux bords des lèvres, il tentait désespérément de calmer les battements de son cœur, mais l'angoisse le tenaillait. Il était persuadé que Tolomelli l'avait découvert. Mais jusqu'où ? Il n'avait peut-être simplement qu'amorcé le poisson aujourd'hui, ne parlant que des parts sociales, histoire de tester ses réactions. Qu'espérait-il en agissant ainsi ? Faire chanter Loïc ? récupérer une part du gâteau ? Tout le gâteau ? Loïc lutta contre la furieuse envie de prendre ses jambes à son cou, mais il se retint. Certes, sa décision était désormais prise de tout plaquer, « Mais je ne peux quand même pas partir maintenant, comme cela du jour au lendemain ». Il lui fallait attendre encore quelques semaines, le temps de récupérer un peu d'oseille car il avait pas mal dépensé ces temps derniers et surtout le temps de vendre la maison de Plougrescant.

Il décida donc d'attendre, d'observer Tolomelli histoire de voir où il en était réellement. Mais tout en attendant, il se promit de prendre contact avec le notaire dans la journée pour mettre sa maison en vente. Il y a quelques jours, cette démarche lui aurait fendu le cœur, mais depuis Nicole, son rêve était à l'étroit et plus rien ne serait plus comme avant à Plougrescant. « Attendre et voir venir » marmonna-t-il en sortant des toilettes.

La tension devait retomber quelque peu durant les semaines qui allaient suivre. Loïc s'attachait à observer Eros Tolomelli dans son comportement et il devait reconnaître que ce dernier cachait bien son jeu. Il était extrêmement discret. Loïc ne comprenait pas ce jeu, mais tout cela ne lui disait rien qui vaille. « Il est fort, il est très fort. Il sait que je l'attends, alors volontairement, il me fait languir ».

En fait, et on l'aura bien compris, Eros Tolomelli n'avait absolument rien découvert. Ce n'était pas quelqu'un de tordu, et il aurait été le premier surpris en apprenant que son voisin des dépôts se livrait ainsi à une opération d'une telle envergure. A mille lieues de tout cela, il faisait des projets. Il venait de décider de s'inscrire au concours du premier degré d'entraîneur pour réaliser un de ses rêves, celui d'encadrer une équipe de jeunes avec lesquels il pourrait faire passer son message footballistique, empreint de mouvement, de vivacité, de solidarité sans agressivité.

Comme symbole de ses aspirations, il avait punaisé à côté de son bureau une vieille photographie de son idole, Johan Cruijff, le célèbre « hollandais volant » de l'Ajax d'Amsterdam et de l'équipe des Pays Bas, qui affolait les défenses adverses, son célèbre numéro 14 dans le dos. Cette photo, il avait réussi à la faire dédicacer aux portes du stade du Nou Camp de Barcelone, alors qu'il était en vacances en Espagne et que le hollandais était toujours à l'époque l'entraîneur du mythique « Barça ». Elle ne le quittait jamais, et symbolisait ce que le football représentait pour lui. « Pour moi, le foot, c'est un idéal de créativité, d'instinct, de plaisir collectif et non une machine à faire du fric et à préserver des résultats » aimait-il répéter.

Tout cela pour dire à quel point les soupçons de

Loïc Coatascorn étaient réellement injustifiés, et celui-ci, s'il avait eu sa lucidité coutumière, aurait été le premier à en convenir et à rire de sa méprise. Seulement, voilà, Loïc ne riait plus : après la période où il s'était senti invincible, il se découvrait maintenant un état d'esprit totalement opposé, proche de la paranoïa. Il ne tarda d'ailleurs pas à se persuader de la duplicité d'Eros Tolomelli.

En effet, arrivant un matin à son bureau environ trois semaines après ses premiers doutes concernant son jeune collègue, Loïc s'arrêta pile devant l'entrée. Ses pulsations se mirent à galoper. A deux mètres de lui, sans se rendre compte un seul instant de l'émoi qu'il provoquait, Eros farfouillait dans le courrier de Sanyon, en s'attardant plus particulièrement sur les bons, les fameux bons de caisse et leurs bordereaux de remboursement. Sentant une présence, Tolomelli se retourna. « Salut, Loïc. Dis donc, je jetais un œil sur les bons. Y en a pour un sacré paquet. Tu te rends compte, même en partageant à deux, il y en aurait pour un joli pactole ! »

Loïc entendit la fin de la phrase dans le brouillard le plus complet. S'il avait encore le moindre doute sur les intentions du jeune homme, celui-ci venait à l'instant de le lever. Eros tentait visiblement une dernière manœuvre d'approche avant de passer à l'action et de le faire chanter. Tendu, il attendit donc la suite, suite qui évidemment ne vint pas. Décidément, ce

Tolomelli était déroutant et Loïc avait vraiment du mal à le cerner. C'était d'autant plus difficile qu'il n'y avait aucune manœuvre de la part de Tolomelli. Par sa plaisanterie, il tentait tout simplement de détendre l'atmosphère. Il se rendit compte très vite que Loïc n'avait pas la moindre envie de plaisanter, aussi changea-t-il de sujet et embraya sur les résultats sportifs du week-end.

Tout en écoutant Eros d'une oreille distraite, Loïc réfléchissait. « Il devient vraiment de plus en plus dangereux. A priori, il n'en a parlé à personne. Il est vrai que quand on veut faire chanter quelqu'un, moins il y a de monde au courant, mieux cela vaut ». Il n'avait pas la moindre envie de partager les fruits de sa réussite. Non pas pour une simple question d'argent, mais il lui déplaisait souverainement de faire profiter à une autre personne des résultats de sa révolte. Tolomelli n'avait pas comme lui été accusé à tort et mis au rancart. Et puis, il y avait une autre raison : il savait qu'il mettait là le doigt dans un engrenage extrêmement dangereux. Rien ne lui disait que Tolomelli ne deviendrait pas de plus en plus dangereux, de plus en plus gourmand, et atteindrait un point où Loïc devrait employer des solutions extrêmes.

Des solutions extrêmes ? Supprimer Tolomelli ? Loïc avait besoin de quelques semaines de répit le temps de vendre sa maison, et de préparer une fuite vers l'étranger. Mais il ne pourrait pas se permettre de laisser derrière lui un témoin aussi gênant, qui, ses espoirs de gain envolés, ne manquerait pas de le dénoncer.

Il souhaitait prendre un maximum de temps avant de prendre une décision débouchant sur de telles conséquences. En fait, au bout d'une semaine, il se rendit compte que, quelle que soit la façon dont il envisageait le problème, il arrivait toujours à la même solution. « L'élimination d'Eros est encore celle qui offre les meilleures garanties ». Mais il fallait que le crime soit parfait, qu'il soit impossible de remonter jusqu'à lui. Il y avait donc deux types de précautions à prendre : Il fallait tout d'abord que cela ressemblât à un accident. Ensuite, au cas où par malheur la thèse de l'accident serait écartée, il devait se construire l'alibi en béton, de façon à écarter un éventuel soupçon le concernant.

« Quand j'aurai trouvé et le moyen et l'alibi, j'agirai ».

Ce soir-là, dans son petit appartement de la rue Voltaire, Loïc but beaucoup. Des alcools forts, râpeux et qui laissaient un goût âcre dans la bouche. Ce n'était pas seulement pour se donner du courage. Du courage, certes, il lui en faudrait, car ce n'est pas tous les jours qu'on décide froidement d'assassiner un homme. Il n'avait d'ailleurs pas envie de prendre trop de recul, de trouver mille et une raisons pour ne pas mettre son projet à exécution. Il préférait envisager son acte comme un simple moyen d'arriver à ses fins, un passage obligé avant un nouveau départ.

La véritable raison de ce besoin d'ivresse, il ne l'analysa qu'un peu plus tard dans la soirée, et elle lui fit froid dans le dos. Ce meurtre était un nouveau pari avec lui-même comme il l'était avec le milieu hostile qui l'entourait. Il voulait trancher ce lien avec le monde dans lequel il vivait, tout recommencer ailleurs. Pour cela, il était prêt à tuer, et c'est le détachement même, le détachement presque scientifique avec lequel il envisageait cette solution qui le glaçait intérieurement. Fallait-il qu'il ait bien changé en si peu de temps ! Il grimaça un sourire en pensant à ses idéaux humanistes de lycéen gauchisant. Après s'être fait tant bien que mal au costume de faussaire, il allait lui falloir revêtir une tenue autrement plus encombrante et gênante aux entournures, celle d'assassin. « Il le faut, et il le faut maintenant, ce sera lui ou moi ».

V

Les semaines qui allaient suivre seraient déterminantes pour l'avenir de Loïc. Plus que jamais, il se devait de garder la tête froide.

Il allait dans un premier temps s'attacher au problème de son départ. Il lui fallait tout d'abord concrétiser la vente de sa maison et là, pour l'instant, les choses se présentaient plutôt bien. En effet, le notaire venait de le prévenir qu'il avait un acquéreur particulièrement intéressé. D'ailleurs, ce n'était pas la première fois que cet acheteur potentiel se renseignait au sujet de la maison de Castel Meur. Seulement, à l'époque, Loïc n'en était pas le propriétaire et le malheureux candidat s'était heurté au terrible Monsieur Maupas qui avait envoyé promener ce « parigot méprisant qui a toujours tout vu », le menaçant même de son fusil chargé aux cartouches à gros sel. Désormais, les choses avaient changé et ce monsieur, un assureur en retraite aisé, revenait à la charge, mettant un million de francs sur la table. Loïc avait conscience du caractère inespéré, voire providentiel de cette offre.

« Vous avez bien fait de ne pas décourager ce monsieur, cher Maître. En ce qui me concerne, le prix qu'il me propose me convient, et comme j'ai d'autres projets en ce moment (et pour cause !) je préfère conclure le plus vite possible. Merci de préparer cela au plus vite ».

Cet argent lui permettrait donc de tenir le coup pendant un bon bout de temps, mais il fallait, une fois Tolomelli supprimé, qu'il débarrasse le plancher. Pas trop vite, pour ne pas attirer l'attention, mais il ne fallait pas traîner pour autant. Il se décida donc à informer son chef de service, Monsieur Skol, qu'il allait sans doute prochainement devoir donner sa démission de la Banque Costarmoricaine. En effet, un vieux parent éloigné, au bord de la retraite, lui offrait de venir le seconder dans la gestion d'un magasin de location de cassettes vidéo à la Rochelle et il allait tenter l'aventure. Skol ne fit rien pour le dissuader. En effet, si leurs relations s'étaient à peu près normalisées avec le temps, Loïc n'avait jamais vraiment été dans les petits papiers de son chef. Celui-ci lui proposa quand même du bout des lèvres « Vous savez que vous avez la possibilité de demander un congé sans solde d'un an, ce qui vous laisse la possibilité de revenir si vous le souhaitez à la fin de votre congé, si ce que vous avez tenté de faire n'a pas marché ». Loïc accepta d'y réfléchir, souriant intérieurement. Il y avait vraiment peu de chances qu'il refoulât un jour la vénérable moquette de la Banque Costarmoricaine.

Les mains libres quant à son avenir professionnel, il se pencha ensuite sur sa destination. La première idée qui lui vint naturellement fut celle de la fuite à l'étranger. Puis il se ravisa. Quel que soit le pays, il savait très bien que le barrage de la langue poserait problème. Les frontières lui seraient fermées et il lui faudrait entourer un éventuel retour d'une multitude de précautions. Le plus simple était encore de ne pas partir trop loin. Il y avait suffisamment de coins en France délaissés par l'exode rural où il lui serait possible de se faire oublier. Il lui faudrait pour cela s'éloigner de la mer et de sa Bretagne car il était trop dangereux pour lui de rester dans la région.

Cette évocation de la France profonde, oubliée par les exigences du temps moderne lui rappela tout à coup une ancienne conversation avec un jeune homme, nommé Lionel Astarac, un cousin de Chloé. Il avait rencontré celui-ci à un mariage où elle l'avait traîné, et Lionel et lui avaient sympathisé. Celui-ci, après plusieurs années passées à l'Institut Régional de l'Administration de Nantes, s'était engagé sur la voie royale de l'ENA et avait réussi le concours d'entrée. Et puis, au moment d'intégrer cette glorieuse institution, Astarac n'avait pas voulu sceller son destin en empruntant des voies tracées à l'avance. Marqué au même moment par un cruel deuil familial, ses parents s'étant tués en voiture, il arrêta tout, et disparut pendant plusieurs mois. Il ne refit parler de lui que bien plus tard. Il servait d'homme à tout faire, moitié jardinier moitié garde chasse chez un vieux marquis plus ou moins désargenté qui avait un vieux château dans la Nièvre à Moulins-Engilbert, près de Château-Chinon.

A l'époque, Loïc avait été impressionné par la maturité du jeune homme, âgé à peine de quelques années de plus que lui, et qui avait eu le courage de rechercher ailleurs la sérénité au détriment de la réussite sociale. Ce fut un jeu d'enfant pour Loïc de retrouver par Minitel les coordonnées de Lionel. Celui-ci mit un certain temps à se souvenir de lui, il ignorait même d'ailleurs que Chloé et lui s'étaient séparés, alors que cette rupture commençait maintenant à dater quelque peu.

« Non, sincèrement, je n'étais pas au courant. Mais, tu sais, ma chère cousine est une pétasse, obnubilée comme tout le reste de ma famille par le rang qu'elle doit impérativement tenir dans la société et prête à tout pour y parvenir, y compris à mettre sa petite culotte dans son sac à main avant un rendez-vous avec un client important. Tu ne devais sûrement pas être assez ambitieux pour elle. Mais j'imagine que tu ne m'appelles pas pour avoir mon opinion au sujet de Chloé ».

Loïc lui expliqua qu'il avait besoin, lui aussi, de

faire le point et de remettre pas mal de choses en question, ce qui n'était pas faux d'ailleurs. Il voulait pour cela se mettre un peu au vert, à l'écart du quotidien et demandait à Lionel s'il pouvait lui trouver un hébergement pour quelque temps dans la région. La réponse de Lionel lui fit chaud au cœur.« Tu as frappé à la bonne porte. Si tu as besoin de te faire un ravalement de l'intérieur du crâne, il n'y a pas mieux qu'ici. Et puis, la maison que me prête le vieux est vaste. Ce n'est pas la place qui manque. La besogne non plus d'ailleurs, et tu pourras me donner un coup de main. En plus, la région est magnifique. Les contreforts du Morvan, l'Yonne, le lac des Settons, le mont Beuvray. Cela ne vaut peut-être pas la Bretagne, mais, chez nous, tu seras au calme et les vignobles ne sont pas loin ».

Loïc promit de venir dans les semaines qui allaient suivre, remercia Lionel et raccrocha. Il se sentait un peu honteux vis-à-vis de celui qui allait prochainement l'accueillir chez lui en toute confiance. Mais il lui expliquerait, et ce serait peut-être là l'occasion de prendre un nouveau départ. Mais, avant le paradis morvandiau, il lui fallait maintenant régler définitivement le problème « Tolomelli ». Il ne voulait pas faire trop traîner les choses. Objectivement, il sentait qu'entre la vente de sa maison et l'hébergement de Lionel, il tenait coup sur coup deux opportunités dont il se devait de tirer le profit maximum.

Il écarta tout d'abord la thèse de l'assassinat avec dissimulation du cadavre. Il n'était pas sûr que, quel que soit l'endroit choisi, celui-ci ne réapparaisse pas un jour. Tous les jours aux infos, on retrouvait des noyés, les cadavres dissimulés au fond d'un ravin. Tout cela était trop dangereux. Il valait mieux simuler un accident. Restait à définir la nature de celui-ci. Une de ses premières idées fut celle de provoquer un court-circuit sur l'ordinateur d'Eros. Il possédait quelques bases en électricité et cela ne lui apparaissait pas impossible à réaliser. Mais un montage électrique, même sur un micro ayant explosé, cela se détecte, et à coup sûr, ce serait un employé de la Banque Costarmoricaine qui serait soupçonné. Il écarta pour les mêmes raisons l'intervention sur la voiture. Trafiquer les freins, cela n'est pas indétectable et la méthode n'est pas sûre. Or, Loïc voulait un résultat imparable. L'empoisonnement pouvait également ne pas se révéler totalement efficace. Il suffisait par exemple que le centre antipoison de Rennes soit prévenu suffisamment tôt pour tout faire échouer.

Plus il retournait les données du problème dans sa tête, moins la solution idéale se profilait à l'horizon. Pour accréditer la thèse de l'accident, il lui faudrait sans doute s'investir plus qu'il ne l'avait pensé au départ, et s'immiscer un peu plus dans la vie privée de son jeune collègue. Il connaîtrait ainsi mieux ses habitudes, ses failles, et celui-ci se méfierait moins de lui le jour fatal.

Tout cela demandait du doigté. Loïc devait donc se rapprocher un peu plus d'Eros, tout en restant plus naturel. En effet, il s'était montré particulièrement réservé avec lui depuis son arrivée aux dépôts, et il trouverait suspect une brusque sympathie.

Loïc procéda donc par petites touches. Il commença par s'attarder à discuter un peu plus longtemps, de sport en général et de football en particulier, sujet dont, on se doute, Tolomelli était particulièrement friand. Il en profitait, l'air de rien pour lui poser quelques questions sur sa vie privée. C'était d'autant plus simple que celle ci était d'une limpidité absolue. Eros vivait seul. Joueur de foot, il s'était rendu compte, à force de voir ses coéquipiers nus sous la douche, que ceux-ci lui faisaient plus d'effet que toutes ces filles qui tournaient autour de lui, et cela, il le vivait très mal. Il préférait ainsi mettre sa vie sentimentale et sexuelle entre parenthèses plutôt que d'assumer une homosexualité difficilement conciliable avec le conformisme de ses valeurs morales. Loïc ne le laissait pas indifférent. Pour rien au monde, il ne se serait laissé aller à la moindre confidence à ce sujet, mais il ne voulait pas non plus renoncer à la douce chaleur qui l'envahissait quand Coatascorn venait négligemment s'asseoir sur un coin de son bureau.

Très loin de tout cela, Loïc avait du comportement d'Eros une toute autre explication, mais il n'en laissait rien paraître. Il jaugeait sa proie. « C'est vraiment un comédien de première. Il fait vraiment comme s'il ne me voyait pas venir. Il va attendre le plus longtemps possible avant de dévoiler son jeu. Ou alors je suis complètement à côté de la plaque et il ne se rend compte de rien. A moins qu'il ne s'effraye de sa propre audace de l'autre jour quand il m'a implicitement avoué qu'il m'avait découvert et qu'il attend tout simplement que je le relance. Il n'est quand même pas naïf à ce point. Dans ce cas, il est encore plus dangereux que je ne l'imaginais ».

Loïc n'avait désormais plus d'alternatives. Il devait continuer ce qu'il avait entrepris vis-à-vis d'Eros. Il avait légèrement décalé ses horaires du midi, de façon à se retrouver incidemment en même temps que lui devant l'ascenseur qui mène au self. L'occasion idéale pour discuter et nouer des contacts. Eros, ravi, ne se méfiait pas le moins du monde, appréciant la chaleur et l'humour de son interlocuteur. Alors qu'il le prenait pour un ours solitaire et bougon, voilà que Coatascorn se révélait être un homme plein de tact, curieux et attachant. Ceci lui faisait regretter que cette rencontre n'ait pas eu lieu plus tôt.

Pour Loïc, les choses se précipitaient ; un coup de fil du notaire l'informait que son client pour la maison était de passage en Bretagne et qu'il était prêt à signer pour un million de francs. Loïc, prétextant un problème familial, prit immédiatement sa demi-journée de congés, fit l'aller et retour jusqu'à Tréguier, d'où il revint avec un chèque certifié d'un million de francs. Argumentant sur l'extrême rapidité de la transaction, il avait obtenu de son acheteur, bienveillant et débonnaire, un mois de délai avant de libérer les lieux, le temps de vendre les meubles qui s'y trouvaient encore. Mais désormais, il lui fallait impérativement tout régler durant le mois qui commençait.

Mais que faire de ce chèque ? Vu l'importance de la somme, il n'avait pas osé envisager un paiement en liquide, car le notaire se serait méfié. Afin de brouiller les pistes, il déposa l'argent sur son compte extérieur, celui qu'il avait ouvert afin de réceptionner les fonds en provenance de son compte-bidon ouvert au nom de l'Association de l'Aide par le Travail. Cette vente doublait ses avoirs bancaires, car ce qu'il avait amassé illégalement frôlait maintenant le million de francs « Plus de deux millions, cela fait maintenant un beau paquet ». Une fois dans le Morvan, il trouverait bien une subtilité quelconque pour virer cette somme sur un compte bancaire transparent pour lui. Moyennant commission, sans qu'il soit besoin de s'étendre sur la nature de l'opération « Je suis sûr que je trouverai là-bas une bonne âme qui acceptera d'être le dépositaire provisoire de ce magot ». Quant au produit de la vente de son mobilier, en demandant du liquide, il éviterait tous les soucis.

Rassuré de voir ainsi les solutions se régler les unes après les autres, il décida de revenir au nœud du problème, à savoir Eros Tolomelli. Celui-ci avait gardé, malgré son retrait des terrains, certaines attaches dans le milieu du football et il proposa un jour à Loïc de l'emmener à Paris voir un match de l'équipe de France au Stade de France. Ils profiteraient du déplacement pour se faire un petit week-end à Paris. Cela ne tentait pas beaucoup Loïc. Tout d'abord, le match en question était télévisé et, avec sa télé grand écran, il le verrait au moins aussi bien que sur place. Loïc n'aimait pas la foule. Les images qu'il avait pu voir à la télé du public du Parc ne lui donnaient vraiment pas envie de côtoyer tous ces gens qui ne voyaient dans ce sport que prétexte à défoulement et à expression de haines tribales. Néanmoins, ce petit voyage pouvait lui fournir l'occasion de se débarrasser de son maître chanteur potentiel et il accepta l'invitation.

Il comprit très vite qu'il en serait pour ses frais. Les places gratuites qu'Eros avaient obtenues avaient été regroupées avec celles d'autres personnalités de football régional, ce qui fait que, dès qu'ils accédèrent aux tribunes, Eros serra au moins une bonne vingtaine de mains. Il présenta Loïc à toute une kyrielle de personnages incontournables de la Ligue de Bretagne de Football. Loïc, quoique imperturbable, pestait intérieurement. S'il arrivait le moindre problème à Eros au cours de ce week-end dans la capitale, il se trouverait au moins une dizaine de témoins qui se rappelleraient que le jeune homme était accompagné au match par un de ses collègues de travail, un grand brun avoisinant les 1 m 90. Non, décidément, il fallait trouver autre chose.

Malgré son amertume, Loïc Coatascorn eut l'objectivité de reconnaître qu'Eros se révélait un agréable compagnon. Durant toute la durée du match, il lui commenta les principales options tactiques des uns et des autres, le genre de choses que pas un commentateur ne se risque à faire en direct. Grâce à ces explications, Loïc vit le match d'une toute autre façon. Le reste du séjour fut aussi agréable. Eros connaissait visiblement Paris sur le bout des doigts et il promena Loïc dans les 5e et le 6e arrondissements, passant par l'Institut du Monde Arabe, le Palais du Luxembourg et par le Jardin des Plantes avec une aisance de vieux parigot chevronné. Ils traînèrent longtemps sur les bords de Seine, flânant le long de l'île Saint Louis et de l'île de la Cité, jetant un regard amusé sur les badauds qui se pressaient aux abords de Notre Dame. Ils restèrent longtemps sans mot dire, assis face à face à la terrasse d'un café boulevard Saint-Germain, chacun face à sa bière et à ses réflexions.

Loïc pensait « décidément ce garçon n'a pas vraiment les réactions que je pouvais attendre de lui. Il se révèle attentif, attentionné, presque attendrissant. A quoi joue-t-il ? Il y a quelque chose qui m'échappe ». Eros avait des façons de regarder Loïc qui trahissaient un certain trouble, qui mettaient mal à l'aise. Il avait ressenti ce malaise surtout à l'hôtel au moment de se coucher. Afin de limiter les frais, ils avaient convenu ensemble d'opter pour une chambre à deux lits. Et c'est en sortant de la douche, avec une simple serviette autour des reins, que Loïc avait surpris le regard d'Eros s'attardant de façon presque insistante sur son corps. Il est vrai que, depuis que Loïc pratiquait le cyclisme et la musculation, il n'avait plus grand chose à envier aux mannequins professionnels, un peu plus lourd peut-être. Mais il sentait qu'au-delà de l'admiration, le regard du jeune homme véhiculait quelque chose d'un peu plus flou, un peu comme une sorte de désir qui n'arrivait pas à se formuler de façon consciente. « Vivement Saint-Brieuc » pensa-t-il.

Dans le train qui les ramenait en Bretagne, Loïc garda les yeux clos un long moment, pour réfléchir tout à loisir. Il n'arrivait décidément pas à comprendre le jeune Eros. Voilà qu'il retirait de cette escapade encore un élément nouveau, qu'il n'avait pas soupçonné dans la personnalité du jeune homme : ses réactions de ces derniers jours, même réprimées par une pudeur légitime, laissaient clairement entrevoir les pulsions qu'Eros Tolomelli concevait à son encontre. Même s'il était à cent lieux de les partager, il se découvrait non pas de la tendresse, mais une sorte de compassion pour lui. Il avait une passion dans la vie et il était doué pour cela, et c'est cette même passion qui l'avait rendu ainsi, boiteux de façon irrémédiable. La vie jusqu'à présent ne l'avait pas épargné. « Mais pas d'attendrissement, Lolo, ce gars-là est dangereux. Même si tu n'arrives pas à le déchiffrer, n'oublies pas qu'il sait tout. Ce qu'il sait, il va s'en servir un jour ou l'autre. A toi d'anticiper ».

Tout en arrivant à cette conclusion, Loïc se rendit compte à quel point il ne fallait pas davantage s'aventurer sur ce terrain glissant. Il devait chasser cette compassion de son esprit et ne plus se concentrer que sur une chose, l'élimination physique d'Eros Tolomelli.

Loïc était donc prêt à passer à l'action. Il était presque surpris de la sérénité avec laquelle il envisageait désormais de devenir un meurtrier. Il voulait maintenant que cela aille vite. Sa décision était prise : tout se passerait le week-end suivant, à Plougrescant. Il avait décidé de prendre Eros par surprise et de l'inviter à passer la fin de semaine chez lui. Il attendit le plus tard possible, et, le vendredi midi alors qu'il déjeunaient ensemble au self administratif, il attaqua d'un ton faussement enjoué.

— Au fait, tu as quelque chose de prévu samedi et dimanche ?

— A priori, l'agenda est assez creux. J'avais pensé me faire un petit ciné, mais sans plus. Tout cela n'a pas un caractère urgent. Pourquoi ?

— Le bord de mer, la côte sauvage, tu n'as rien contre ?

— Non, au contraire.

— Eh bien, écoute un peu.

Loïc se lança dans une version romancée de l'existence de la maison de Castel Meur. Un héritage familial, une vieille demeure qui appartenait depuis des générations aux Coatascorn, Loïc l'héritier d'une vieille famille de marins, le berceau familial, le havre de paix. Les mots lui venaient tout naturellement, pendant qu'il se créait cette pseudo-famille et ces pseudo-traditions. Il ne brodait pas pour le plaisir, loin de là. Mais il était comme le restaurateur qui vante les mérites de sa carte devant des touristes incrédules : il savait qu'il devait convaincre en peu de mots, car la réussite de son plan était à ce prix.

Il faut croire que Loïc sut se montrer convaincant, puisque Eros accepta d'emblée « Tu parles si cela m'intéresse ». En fait, sa vie privée se résumait désormais à de rares contacts avec ses proches. Sa vraie famille, celle du foot, l'avait un peu laissé tomber. Il en concevait certes un peu d'amertume, mais il connaissait les règles du jeu. Il n'y avait pas de places pour les loosers dans la jungle du ballon rond et il savait pertinemment que les rares passionnés de foot qui se rappelaient encore ses exploits l'auraient complètement oublié dans quelques années. Il ne voulait pas s'ancrer dans le passé, ni dans les glorieux souvenirs d'un ancien combattant. Mais il avait du mal à tourner la page, et l'avenir ne lui souriait pas plus que cela. C'est pourquoi il ne voulait pas laisser passer l'opportunité de relations étroites avec Loïc Coatascorn. Il ne voulait pas non plus se passer de cette chaleur qui l'envahissait quand il voyait la grande silhouette de Loïc pénétrer dans son bureau. Un jour, peut-être, il lui révélerait la nature de ses sentiments. Un jour sûrement il oserait, mais ce jour n'était pas arrivé.

Quant à Loïc, son plan était prêt. A la fin de la journée, il allait accompagner Eros jusqu'à son domicile, en prenant bien soin de garer son véhicule suffisamment loin de son immeuble afin de rester le plus anonyme possible. Il était persuadé que même en cas de décès par accident, la gendarmerie procéderait à une enquête de voisinage et il ne tenait vraiment pas à ce que l'on puisse un jour se souvenir de lui. Dans ce quartier populaire à l'ouest de Saint-Brieuc, ce n'étaient pas les commères scotchées à leurs rideaux qui manquaient, et toutes les précautions étaient donc bonnes à prendre. Il pianotait distraitement sur son volant en attendant le retour d'Eros. Il repensait à l'alibi qu'il s'était confectionné pour justifier éventuellement sa présence à Saint-Brieuc au cours des deux jours qui allaient suivre. Sans fausse modestie, il trouvait que « mon stratagème tient la route. Ça vaut tous les jours un bon roman policier ».

Il avait en effet passé toute une partie de la semaine à confectionner une cassette audio reproduisant les traditionnels bruits domestiques attestant d'une présence normale dans un appartement. Il avait enregistré des bruits d'aspirateur, de robinet de lavabo, de douche, chasses d'eau, et de robot ménager. Il avait même poussé la sophistication jusqu'à lui adjoindre un autre son, sous la forme d'une musique facilement identifiable, celle des Walkyries, immortalisée par le célèbre film « Apocalypse Now » de Francis Ford Coppola. Les voisins, s'ils étaient interrogés, ne manqueraient pas de rappeler que Loïc avait écouté à plusieurs reprises cette musique. Il aurait ensuite beau jeu de confirmer qu'il avait visionné le célèbre long-métrage. Comme il le connaissait jusqu'au moindre plan, il ne risquait pas de se faire piéger, même en cas de question un peu vicieuse.

Son dispositif recelait cependant une faille, à

savoir la durée relativement courte de la cassette. Son alibi devait dépasser les 90 minutes, durée normale de son enregistrement. Il brancha donc un programmateur électrique entre la prise électrique et le magnétophone. Ainsi, ce programmateur allait permettre que cet enregistrement soit diffusé à plusieurs reprises et à des moments programmés à l'avance, de façon à ce que l'appartement résonne pendant ces 48 heures d'une activité tout à fait régulière.

Il interrompit sa réflexion en voyant Eros sortir de chez lui, un large sourire aux lèvres.

« C'est bon, je suis paré. Je n'ai pas eu le temps de prévenir mes parents de mon absence jusqu'à lundi mais de toute façon, je crois bien qu'ils m'avaient dit qu'ils n'étaient pas là ». Loïc se maudit intérieurement de ne pas avoir songé à cette éventualité. Heureusement que le destin avait suppléé sa négligence. Personne dans son entourage ne savait donc ce qu'Eros allait faire de son week-end. « Lui non plus d'ailleurs » pensa Loïc en actionnant le démarreur de son véhicule.

Le voyage en direction de Plougrescant se passa plutôt joyeusement. Quiconque les aurait croisés aurait été persuadé d'avoir affaire à deux étudiants prolongés qui partaient en goguette. Eros avait emmené une vieille cassette de Julien Clerc et chantait, l'imitant presque à la perfection en reprenant

« Ma Préférence », « Ce n'est rien » et surtout « Loco ». Malgré sa concentration sur la route et sur son objectif, Loïc ne put s'empêcher d'apprécier l'entendre chanter aussi juste « Et dans ce monde où tous les hommes se croient debout, je suis le seul à me vanter de me traîner à ses genoux ». La durée du trajet leur parut courte à l'un comme à l'autre, et il faisait encore jour quand ils arrivèrent à Plougrescant.

Eros fut d'emblée conquis par la magie des lieux, autant d'ailleurs par le panorama que par la conception de la maison (« Mais c'est un véritable trésor que tu as là. Tu es un vrai cachottier »). Il se montra également très intéressé par la pile de romans policiers qui trônait sur un buffet bas, en pin anglais comme le reste du mobilier. Il en fit une rapide inspection pendant que Loïc s'était précipité sous la douche. Il lui aurait bien demandé de lui prêter un des Daeninckx qui se situait sur le dessus de la pile. « Mort au premier tour », un de ses premiers ouvrages, était en effet quasiment introuvable. Mais il connaissait les manies des collectionneurs et se doutait que, même si Coatascorn ne lui aurait pas refusé ce prêt, cela ne se serait pas fait de bon cœur. Un collectionneur n'est pas prêteur.

Faisant contre mauvaise fortune bon cœur, Il ramassa un des autres polars qui traînaient par là, un vieil Alix Karol, en détacha délicatement la première page, celle où figurait d'ailleurs, par-dessus le titre de l'ouvrage, le cachet du bouquiniste où Loïc l'avait acheté, et recopia dessus la référence du Daeninckx qui l'intéressait. « Avec un peu de chance, j'arriverai bien à le dénicher chez un bouquiniste parisien. Je suis certain qu'ils sont mieux achalandés que ceux d'ici » pensa-t-il en glissant la feuille de papier dans la petite poche avant droite de son jean. Depuis qu'il ne fumait plus, il s'était séparé de son vieux Zippo tout cabossé et cette petite poche, si étroite qu'on la croyait d'ailleurs faite pour héberger ce genre d'ustensile, ne lui servait plus guère. C'est un peu pourquoi il ne perdait pas une occasion de la remplir, avec divers objets. Cela lui donnait l'impression que son Zippo était toujours là, qu'il avait toujours la possibilité de reprendre une cigarette.

Loïc sortit de la douche et annonça tout de go :

— Comme je n'ai pas eu le temps de faire les courses et que le frigo doit être vide, je t'amène au resto. Si tu aimes le poisson, je connais un super restaurant à Trégastel dont le patron est réputé avoir les meilleurs arrivages de la région.

— Trégastel ? c'est un peu loin, tu ne trouves pas ? Moi, tu sais, à la limite, j'aimerais autant un petit truc tout simple, mais moins loin.

— Allez, pas d'histoires ! change-toi, on y va.

Il était bien évident que Loïc ne tenait pas du tout à traîner dans le coin et risquer d'être vu en compagnie de son invité. Ils firent donc route vers le restaurant en question. Les réserves d'Eros, au vu de la carte que présentait une serveuse au décolleté plus qu'avantageux, fondirent comme neige au soleil. Loïc, soucieux d'euphoriser Eros afin de déconnecter un peu ses défenses, sortit la grosse artillerie. Après les cocktails, d'une jolie couleur d'eau de mer qui avait d'ailleurs valu son nom à ce charmant breuvage, ils firent honneur au traditionnel plateau de fruits de mer, qu'ils arrosèrent consciencieusement de Saumur blanc bien frappé.

Eros, contrairement à de nombreux footballeurs qu'il soient encore ou non en activité, n'avait pas tellement l'habitude de l'alcool et se laissa vite griser. Il disait n'importe quoi, et tout ce qu'il proférait sur un ton docte et sentencieux faisait se tordre de rire les rares voisins qui se trouvaient assez près d'eux pour les entendre. Loïc, quant à lui, buvait peu et, le plus souvent possible, il vidait le contenu de son verre dans le seau qui servait à rafraîchir les bouteilles qui se succédaient les unes aux autres sur leur table. Ils passèrent ensuite au dessert arrosé d'un petit Saumur Champigny sorti de derrière les fagots du chef, et celui-ci acheva chez Eros ce que le Saumur blanc avait si bien commencé. Une bonne rasade de Grand Marnier là-dessus avec le café et Eros aurait pu confondre dans son euphorie et sans la moindre hésitation le stade de Maracana avec le stade municipal de Ploeuc sur Lié. « Il est à point » pensa Loïc, le voyant s'appuyer sur les chaises et les tables, en revenant des toilettes.

Le plus dur fut en fait de quitter le restaurant. Eros, avec le sempiternel entêtement des ivrognes, voulut absolument honorer le mur d'enceinte extérieur du restaurant et s'épancha longuement, le front contre la pierre. Il finit par se laisser convaincre qu'il était peut-être préférable de regagner Plougrescant. Une fois la voiture en mouvement, Loïc prit tout de suite la parole, au sujet de tout et de rien. Il fallait absolument empêcher qu'Eros s'endorme, faute de quoi il lui serait impossible de l'amener là où il voulait.

— Tu sais, Eros, il y a un truc que j'ai toujours voulu faire, mais je n'ai jamais osé. Tu vois le grand rocher qu'il y a sur la grève en bas de chez moi ? j'ai toujours eu envie de monter dessus un soir de grand vent et d'y chanter « Amsterdam ». C'est dommage, car ce ne sera pas encore pour ce soir.

— Pou… pou… pourquoi cela ?

— Tout simplement parce que tu es un peu fatigué avec tout ce que tu as descendu, ce ne serait pas très prudent de monter là-haut. Il n'y a personne et on n'y verra rien.

— Pour qui me prends-tu ? Ton rocher, il ne me fait pas peur. Le noir non plus. De toutes façons, noir, je le suis déjà. Il tenta vaguement de chanter les premières mesures d'« Amstrong » pour se persuader de ce qu'il disait, y renonça et reprit, tant bien que mal.

— Amsterdam, c'est mon truc. Je connais les paroles par cœur. Allez, viens, on va se faire un duo, je te dis que cela.

Loïc fit semblant d'hésiter avant de se laisser fléchir et, comme ils arrivaient aux abords de Plougrescant, il alla jusqu'à la maison y garer la voiture, sans écouter les protestations d'Eros qui n'était pas enchanté de devoir effectuer les quelques hectomètres, qui les séparaient du fameux rocher, à pied. Mais Loïc ne pouvait vraiment pas lui dire pourquoi il souhaitait que sa Fiat se fasse la plus discrète possible aux yeux d'éventuels promeneurs nocturnes. Il prit donc Eros par le bras et l'entraîna sur la grève jusqu'au pied de ce fameux rocher. Il avait vu juste. Il faisait nuit noire et, à cette heure avancée de la soirée, il n'y avait pas âme qui vive dans le secteur.

Faire monter Eros au sommet du rocher ne fut pas, on s'en doute, une opération de tout repos. Loïc dut s'employer à plusieurs reprises pour le hisser jusqu'au sommet de la roche. Là-haut, si le spectacle était somptueux avec ces déferlantes qui venaient se fracasser à quelques mètres de là, le vacarme, vent et vagues mêlées, n'en était pas moins assourdissant et les bourrasques qui se succédaient les unes aux autres malmenaient l'équilibre déjà bien chancelant du malheureux Eros. Qu'importe ! Il réussit à se relever et se tourna vers Loïc.

— Allez, on y va, tu te rappelles les paroles ?

N'écoutant pas la réponse, il refit face à la mer et, les bras écartés, il commença à chanter, à brailler plutôt.

— « Dans le port d'Amsterdam, y a des marins qui chantent les rêves qui les hantent au large d'Amsterdam… » Pendant qu'il s'égosillait, Loïc se tenait en retrait. Accroupi, il cherchait à tâtons les pierres qu'il avait déjà repérées et regroupées en petit tas à l'occasion de son dernier passage tout en haut de la fameuse roche. Il sentit brusquement le contour d'un gros galet, dont la forme rappelait celle d'un ballon de handball. Il s'en saisit et s'approcha de Tolomelli, qui inconscient du drame qui se jouait dans son dos, continuait son tour de chant. « …Dans le port d'Amsterdam, y a des marins qui dorment comme des oriflammes le long des berges mornes… ». Loïc était maintenant tout près, à le toucher. Il leva son arme improvisée. Cela allait être facile, Eros ne se retournait pas, finissant d'épouvanter les rares mouettes osant se risquer hors de leur abri par pareil temps. « …Dans le port d'Amsterdam, y a des marins qui meurent, plein de bières et de drames aux premières… ». Ce furent ses derniers mots. La pierre l'avait heurté violemment à l'arrière du crâne. Il se prit la tête à deux mains sans même proférer un son, à peine un vague gémissement et tenta de se retourner. Mais, ce faisant, il perdit son équilibre, partit en avant, parut un moment suspendu entre deux bourrasques et tournoya vers le bas sans un cri. Loïc guettait le bruit de sa chute, mais il ne put rien entendre avec le bruit du vent, et amorça sa descente.

En fait, tout avait été très simple et il s'étonnait même de son calme, du sang-froid dont il faisait preuve en assurant tranquillement ses appuis le nez presque collé à la paroi granitique. Il devait impérativement garder la tête froide, car la sale besogne ne faisait en fait que commencer. Il fallait maintenant s'assurer qu'Eros était bien mort, cela il n'en doutait pas, et que son cadavre ne serait pas identifiable.

Arrivé en bas, il hésita un court instant. Il avait dans une de ses poches une petite lampe électrique qu'il comptait utiliser pour repérer plus rapidement le corps, mais il craignait de se faire repérer. Il choisit de contourner d'abord à tâtons l'énorme roche et de se retrouver face à la mer du côté où Eros était tombé. Le rocher ferait ainsi écran et il resterait ainsi invisible des plus proches maisons de la grève. Il fit donc lentement le tour de la roche, presque à quatre pattes pour être bien sûr de ne pas tomber, tant la nuit était noire.

Loïc s'était imaginé que le jeune homme serait relativement facile à repérer. Il dut pourtant chercher longtemps, car la bourrasque l'avait amené à une bonne vingtaine de mètres du rocher. Il gisait là, la face contre les galets. Curieusement, il avait gardé la même position qu'il avait juste avant de faire le grand saut, et il ressemblait à un grand albatros sombre foudroyé en plein vol. Loïc fouilla dans sa poche, en ressortit une petite paire de gants en plastique transparent, ceux que l'on utilise pour les tâches ménagères ordinaires. Surmontant sa répulsion qui commençait à lézarder progressivement sa belle assurance, il s'approcha et se mit au travail.

Il commença par le blazer. C'était d'ailleurs la première fois qu'il voyait son jeune collègue aussi bien sapé. « Il ressemble à un jeune marié » grinça-t-il « sauf que là, la promise s'est radinée avec une faux au lieu d'un bouquet de fleurs d'oranger ». Il fut tenté un moment de lui prendre son portefeuille, mais il se ravisa. Un cadavre sans le moindre signe significatif risquait par son anonymat d'attirer l'attention. Il choisit donc de le lui laisser en le vidant de ce qui pouvait aider à l'identifier. Il s'empara de ses papiers, de sa carte bancaire et les reçus correspondant aux retraits effectués dans différents distributeurs, prenant soin de laisser une ou deux photos de famille suffisamment anonymes, des vieux billets de concert et de matches de foot conservés en relique, une liste de commissions, et surtout tout son argent liquide. Il lui ôta également sa chaîne en plaqué or. Il se rappelait en effet y avoir vu pendre une petite plaque dorée avec ses initiales, E.T., gravées dessus. En ce moment, le pauvre Eros n'était pas beaucoup plus beau à regarder que le célèbre extraterrestre du même nom. Il termina son inspection par les poches de son jean, où il ne trouva rien de particulièrement important.

Après avoir enfoui le produit de sa fouille au fond d'un sac plastique, Loïc se releva. Le cœur aux bords des lèvres, il s'éloigna rapidement. Jetant un œil sur sa montre, il se rendit compte avec surprise qu'il ne s'était pas écoulé plus de vingt minutes entre le moment où ils avaient pénétré sur la grève et celui où il la quittait. Cela lui avait paru durer une éternité.

Pendant qu'il remontait de la grève jusqu'à la maison de Castel Meur, une brusque angoisse le tenailla. Il ne s'était pas rendu compte jusqu'à maintenant qu'il y avait en fait si peu de distance entre chez lui et le lieu du crime. Peut-être aurait il dû attendre une autre opportunité pendant ces deux jours, une autre promenade sur un lieu un peu plus éloigné. Il s'était jeté sur la première occasion, sans prendre en compte tous les paramètres. Et puis, il se raisonna. Après tout, cela valait peut-être mieux ainsi « En agissant aussi vite, j'ai limité les occasions d'être vu en compagnie d'Eros. Ici, personne ne l'a vu, personne ne le connaît. Pour l'identifier, cela va prendre du temps. Et moi, à ce moment-là, je serai loin ». Poussant même la perspective un peu plus loin, s'il faisait un jour partie de suspects potentiels, cette proximité constituerait pour lui un élément à décharge. Il n'était pas sérieux de commettre un crime à deux cents mètres de chez soi « Si tant est qu'un jour on me soupçonne, jamais on ne me croira assez bête pour avoir fait cela ici ». Avec un peu de chance, il tomberait sur des pandores débordés qui concluraient vite à l'accident et classeraient l'affaire sans trop se poser de questions. Cela arrivait tous les jours, et le fait divers ne dépasserait pas les dix lignes dans les journaux.

Rassuré, il rentra chez lui. Sa maison, si hospitalière d'habitude, lui parut glaciale. Il mit cela sur le compte de la pression qui commençait à retomber. Il renonça à se coucher, car il savait qu'il ne trouverait pas le sommeil. Bouteille de whisky à portée de la main, il se résolut à attendre le lever du jour avant de rentrer à Saint-Brieuc. A cette heure-là, le bruit de sa voiture n'éveillerait pas l'attention des voisins. Après s'être passé la tête sous l'eau froide, il monta dans sa voiture. En traversant Guingamp encore désert à cette heure matinale, il s'arrêta devant une quelconque poubelle municipale et y jeta le sac plastique.

En comparaison de sa maison de Castel Meur, son petit appartement de la rue Voltaire lui apparut douillet et accueillant. Il débrancha le programmateur électrique, prit un bain bien chaud qui contribua à le détendre. Il avait un peu de mal à remettre toutes ses idées en place. Le meurtre d'Eros, tout d'abord. Il l'avait conçu avec le plus de détachement possible, en tant que solution incontournable à un problème donné. Il l'avait mis en application avec un sang-froid qui l'avait lui-même surpris, mais il faut dire que tout s'était passé sans la moindre anicroche. Ce n'est que maintenant qu'il commençait véritablement à réaliser la portée de son acte. Il avait tué pour de l'argent, c'était aussi simple que cela. Au-delà du dégoût de ce constat, il lui fallait maintenant transformer l'essai, ne pas avoir été si loin pour rien. Il l'aurait encore davantage regretté.

Plus que jamais, il lui fallait concrétiser son acte. Tous les objets de valeur qu'il possédait étaient vendus ou en passe de l'être. Il se retrouvait avec une somme confortable en poche, prêt à recommencer une nouvelle vie. Dans trois semaines, il devait donner les clés de Castel Meur et cela correspondait également à la date à laquelle il quittait la Banque Costarmoricaine pour un congé sans solde. A la banque, ses précautions étaient prises, toute la procédure de virement automatique qu'il avait mise en place était interrompue et les comptes qu'il avait créés étaient clos. Certes, si un autre petit malin qu'Eros Tolomelli y mettait le nez, il lui serait également possible de remonter la filière et d'arriver jusqu'à lui. Seulement, d'ici là, lui, il serait loin.

Rasséréné, il sortit de l'eau. Pour être sûr de dormir un peu, il préféra avaler trois tranquillisants, puis se coucha et s'endormit d'un lourd sommeil sans rêves. Demain serait un autre jour.

VI

« Saloperie de boulot ! »

C'est avec ces mots, à moitié marmonnés, que Pascal Deausser, gendarme opérant à la Brigade de Recherche Départementale de Saint-Brieuc s'extirpa de son véhicule qu'il venait de garer en ce samedi après-midi juste au bord de la grève entre Pors Hir et Castel Meur à Plougrescant. A chaque fois, c'était pareil. Sur la côte, quand il y avait eu la tempête la veille, le lendemain, quand le vent s'arrêtait, il pleuvait. « …et saloperie de temps ! ».

Cette résignation apparente n'était qu'une façade. Deausser adorait sa région et son métier d'enquêteur et il n'aurait pas voulu en changer pour un empire. Précis, du genre fureteur avec en prime beaucoup de rigueur et d'intuition, il était particulièrement bien vu de ses supérieurs et, s'il l'avait souhaité, il y avait belle lurette qu'il serait monté en grade. Seulement voilà, toute promotion s'accompagnait inévitablement d'un changement d'affectation et, pour rien au monde, il n'aurait voulu quitter sa chère brigade. De plus, outre le travail, s'y ajoutait une variable affective. Il se plaisait beaucoup à Saint-Brieuc, sa femme et ses deux filles y avaient trouvé leurs marques et cette qualité de vie était pour lui bien plus importante qu'un petit morceau d'étoffe rutilant cousu sur son épaule. Bien sûr, la trentaine à peine dépassée, il avait encore tout le temps de changer d'avis et l'ambition pouvait lui venir avec l'âge. Mais cela n'en prenait vraiment pas le chemin. Il avait d'autres priorités en ce moment, à commencer par l'inspection de ce cadavre qui gisait sur la plage de Plougrescant.

Deausser se retourna vers son collègue Nicolas Thoumelin qui venait de sortir après lui du fourgon des techniciens en Identification Criminelle. Thoumelin ne rentrait pas non plus vraiment dans le moule étroit du gendarme tel que l'on peut parfois le concevoir. Il était du genre débonnaire silencieux, mais sa ténacité et son sens de l'observation avait fait merveille à plusieurs reprises. Comme Deausser, il adorait son job et le fait que les promotions lui passaient par-dessus la tête le laissait complètement indifférent. Beaucoup de points communs entre les deux donc, ce qui fait qu'ils assuraient souvent leurs service de permanence ensemble et bossaient sur le terrain en parfaite collaboration. Un de leurs collègues, nostalgique de son enfance et de « Pif Gadget » les avait nommés Placid et Muzo. Sur le plan purement physique, il n'avait pas vraiment tort. Si Thoumelin, avec son détachement et son début d'embonpoint, évoquait assez bien Placid, Deausser avec ses taches de rousseur, son nez en trompette et sa manie de fouiller partout, faisait un Muzo plus vrai que nature.

En venant à Plougrescant, l'un et l'autre avaient eu le temps de penser à ce qui les attendait. Il ne s'agissait à priori que d'un banal accident, d'un promeneur qui était tombé lors d'une escalade sur les rochers et dont le corps avait été découvert le matin même par une bande de gamins jouant à cache-cache dans les rochers. La brigade de Tréguier avait fait les premières constatations et plusieurs faits avaient mis d'entrée la puce à l'oreille à ceux qui étaient sur le terrain ce jour-là.

Tout d'abord, la victime. C'était un homme plutôt jeune, vingt-cinq ans environ, qui n'avait aucun papier d'identité dans son porte cartes et, chose plus curieuse, qui ne semblait disposer d'aucun moyen de locomotion. Une première enquête parmi les voisins immédiats n'avait pour l'instant rien donné. Personne ne le connaissait. Cela ne semblait pas être un randonneur non plus, car il est assez rare que ceux-ci se promènent en blazer et mocassins italiens, de qualité de surcroît. Deuxième point curieux et non le moindre : le malchanceux, d'après sa position et les premières estimations qui en découlaient, semblait être tombé d'un gros rocher haut d'une dizaine de mètres face contre le sol. Les gendarmes sur place, et notamment le sous-officier de permanence s'expliquaient donc assez mal

« la présence d'une grosse bosse et d'une plaie légèrement suppurante sur l'arrière du crâne. A moins qu'il ait heurté la roche avec le sommet de son crâne en tombant, ou qu'il se soit fait cette bosse en perdant l'équilibre sur le haut du rocher, mais cela paraissait vraiment curieux ».

Ce même sous-officier qui commandait le détachement sur place aurait très bien pu évacuer ces bizarreries et ne même pas les mentionner dans son rapport. Mais l'accident, il ne le « sentait » pas. Il avait donc enclenché la lourde procédure administrative, qui passait par son commandant de brigade, le procureur de Guingamp pour aboutir à la Brigade de Recherche Départementale de Saint-Brieuc. Deux heures plus tard, le fourgon d'identification criminelle stoppait devant les rochers de Plougrescant, avec Deausser et Thoumelin à son bord.

Pascal Deausser, en avançant sur les lieux du drame, appréciait en connaisseur les travaux préparatoires des collègues locaux. Le périmètre de l'accident, grâce à la rubalise « gendarmerie » avait été bien établi. Ce qu'ils appelaient dans leur jargon le « gel des lieux » était sans reproches. Les habituels curieux, toujours prêts à témoigner sur des faits qu'ils n'avaient pas vus ou à émettre un avis doctoral sur la façon de mener l'enquête, étaient tenus à l'écart. Quelques remarques parvenaient cependant aux oreilles de Deausser, de genre :

— Ils en ont mis du temps à venir !

— Ouais, c'est pas trop tôt !

— De toutes façons, avec la police, c'est toujours pareil !

Deausser et Thoumelin se crispèrent intérieurement. S'il y avait bien une chose qu'ils ne supportaient pas, c'était d'être confondus avec les services de police. A la télé, dans les médias comme dans les séries TV, il n'était question que de brigades antigang, de SRPJ, de flics violents, chevelus mal rasés et anticonformistes dégainant leur 357 Magnum ou leur colt 45 et flinguant du truand comme s'il en pleuvait. Eux, les gendarmes, sur le plan médiatique, on leur associait plutôt l'image que De Funès avait véhiculée à force de navets tous plus insipides les uns que les autres. Ce que le grand public ignorait par contre complètement, c'est que policiers et gendarmes étaient désormais quasiment à égalité quant aux moyens et aux méthodes d'investigation. Même la question de l'uniforme constituait de moins en moins une différence. Pascal Deausser, pour d'évidentes raisons de discrétion, était de plus en plus amené à enquêter en civil. Alors, la comparaison avec la police, merci bien ! Ni l'un ni l'autre n'étaient preneurs.

Il grimaça imperceptiblement en escaladant un rocher, car, à l'occasion de son mouvement, son arme de service, un Beretta lui avait douloureusement coincé le gras de la hanche. Bereta, Bereta ! Une fois de plus, il fit le rapprochement avec Georges Bereta, son idole de jeunesse, le footballeur gaucher aux cuisses musculeuses qui fit les beaux jours de Saint-Étienne juste avant les débuts de leur épopée. Quand il était tout môme, il avait eu l'opportunité d'aller un jour avec son père au stade Geoffroy Guichard voir jouer son joueur préféré. Cela se passait dans le milieu des années 70 et il s'en souvenait comme si c'était hier. Il toucha du bout du doigt l'acier poli de son arme. Il ne s'expliquait toujours pas ce décalage entre ce plaisir tactile et le haut-le-cœur qu'il ressentait quand il devait le dégainer. Et encore, ce n'était rien à côté de devoir se trimballer avec le fusil à pompe de service, le Browning dont pourtant presque tous ses collègues raffolaient.

Il arriva devant le gendarme qui était de permanence devant le proche périmètre entourant le cadavre et lui serra la main en se présentant. Il tombait bien car le gars faisait justement partie des premiers à être arrivé sur les lieux. Sans que Deausser eût besoin de le prier, il entama un compte rendu avec un accent du Trégor à couper au couteau.

— Il ne va pas être simple à identifier, ce coco-là. C'est l'homme sans visage. Il a dû tomber de ce gros rocher, la tête la première. D'après la rigidité du corps, il est là depuis moins de vingt-quatre heures. Le coin est passant. S'il était tombé vendredi après-midi, il aurait déjà été signalé. Il a dû tomber hier dans la soirée, ou dans la nuit. S'il est monté là-dessus hier soir avec le vent qu'il devait faire ici, ce n'était vraiment pas prudent.

Bien que le visage fût quasiment méconnaissable, Deausser eut la fugitive impression que la silhouette de ce gars-là ne lui était pas inconnue, mais de là à mettre un nom dessus.

Tandis que Thoumelin, absolument superbe dans sa combinaison stérile qui lui donnait l'air du bonhomme Michelin, ouvrait sa valise de micro-prélèvements, Deausser allumait son caméscope et commençait à filmer. Ce type de document s'avère indispensable à toute enquête, car il permet souvent de retrouver plus tard des éléments essentiels à la suite de l'enquête, éléments que les photos ou les témoignages oculaires n'ont pas enregistrés. Il partait de la route pour arriver à la grève, détaillait également le rocher, et s'attardait sur le cadavre que le médecin légiste, qui venait également d'arriver sur les lieux, commençait à examiner.

Une fois son film terminé, Deausser se mit en retrait, et apprécia en connaisseur le travail des deux hommes. Puis, voyant que ni l'un ni l'autre n'avaient besoin de lui pour l'instant, il se recula un peu et gagna la route, histoire de se mettre un peu à l'abri dans le fourgon. Il ne comprenait pas pourquoi ce gars était venu finir ses jours ici de cette façon. Il ne put s'empêcher de penser à un suicide, suite à une dispute amoureuse. « Si ça se trouve, sa nana l'a largué là et s'est barrée. Il a alors décidé d'en finir sur un coup de tête. Si c'est un truc de ce genre-là, la fille en question ne devrait sûrement pas tarder à se manifester ».

Cependant, son expérience lui commandait de ne pas s'emballer. La première hypothèse n'est pas forcément toujours la meilleure. D'ailleurs, il allait pouvoir confronter son opinion avec celle de Thoumelin qui, après avoir mis sa combinaison dans un sac destiné a être mis sous scellé avec les indices propres à l'enquête, venait lui aussi profiter du fourgon et de son abri. Celui-ci, tout en pestant contre la pluie qui le trempait jusqu'aux os, livrait à Deausser ses premières impressions.

— A cause de la pluie, je peux déjà te dire une chose : ça va pas être du gâteau. je suis monté sur le haut du rocher. Je n'ai rien trouvé si ce n'est en redescendant, j'ai remarqué comme une trace de cuir noir sur la paroi. J'ai vérifié sur ses chaussures qui, soit dit en passant, ne comportent pas la moindre trace de terre et cela semble correspondre. Après l'analyse au labo, je serai fixé mais je suis sûr qu'il est monté là-haut. Quant à savoir comment il en est descendu, je pense qu'il n'y a guère de doutes à avoir. Je pense que cela a dû lui prendre beaucoup moins de temps que monter.

— S'il n'y a pas de terre sur les chaussures, tu en conclus quoi ?

— Comme toi. Il est venu en voiture. D'ailleurs, il n'était pas vraiment équipé pour faire de la randonnée.

— Ni de la varappe, d'ailleurs.

Deausser lui fit part alors de son hypothèse celle du suicide suite à une déception sentimentale. Thoumelin semblait plutôt branché sur autre chose.

— Ce serait quand même un drôle de suicide. D'accord, je ne nie pas le côté romantique lié au choix du lieu. La mer, les rochers, la tempête, tout cela se tient. Mais c'est quand même curieux qu'il n'ait aucun papier sur lui, juste quelques petites choses qui ne mènent à rien. On aurait voulu le tuer en ne laissant que le strict minimum d'indications sur place qu'on ne s'y serait pas pris autrement. Moi, si tu veux mon avis, il y a au moins quatre choses qui me chiffonnent. Tout d'abord le peu de choses qu'on a pu trouver dans ses poches. Ensuite, il y a cette bosse à l'arrière de la tête. S'il est tombé du rocher pour arriver face contre terre, je ne vois pas comment il a pu se la faire en tombant, ce qui signifie qu'il se l'est faite avant. Or, elle est suffisamment importante pour que le gars soit étourdi, voire perde connaissance. Tertio, j'ai relevé sur son cou des poussières de métal, du plaqué or sans doute. Il avait certainement une chaîne autour du cou et il ne l'a plus. Si elle avait été arrachée pendant le choc, on l'aurait retrouvée et il y aurait des marques sur son cou. Or, rien de tout ça, elle ne s'est quand même pas volatilisée.

— Il l'a peut-être donnée à son amie, ou il l'a peut-être jetée au loin quand elle l'a quitté et qu'il s'est retrouvé seul sur la plage.

— Ou celui qui l'a aidé à se suicider l'a enlevée pour retarder son identification. De toutes façons, si ce que tu dis est vrai, avec le détecteur de métaux, on devrait la retrouver sur la plage. Mais il y a un dernier point qui me préoccupe. La seule chose intéressante que l'on ait trouvée sur lui, c'est une petite feuille de papier soigneusement pliée. Elle était enfouie au fond de la petite poche avant droite de son jean. Le type même de l'endroit auquel on ne pense pas quand on fait les poches de quelqu'un. Et comme par hasard, il y a dessus, outre une écriture, identique d'ailleurs à celle qui se trouve dans la liste de commissions du porte cartes, le titre de l'ouvrage d'où la page a été arrachée et le cachet d'un bouquiniste de Saint-Brieuc.

— Qu'est-ce que cela prouve ?

— Cela prouve tout simplement qu'il faut aller rendre visite à ce bouquiniste de Saint-Brieuc. Selon moi, celui qui l'a fouillé n'a pas pensé à cette petite poche ; cette page va peut être nous conduire sur sa piste. Je l'ai regardée attentivement. Elle n'a pas été pliée depuis longtemps. Le papier n'a pas jauni à l'endroit des plis et l'encre n'a pas eu le temps de déteindre comme cela arrive parfois quand une feuille de papier reste collée à une autre pendant un certain temps. J'ai pensé un moment que son meurtrier avait glissé cette feuille pour compromettre quelqu'un, mais, plus j'y pense et moins j'y crois. Tout d'abord, il ne recèle que des renseignements trop vagues, et puis surtout, il me paraît impossible de glisser un petit morceau de papier dans cette poche. c'est trop petit, trop serré. Seul son propriétaire, je veux dire celui du pantalon, a pu la glisser a cet endroit.

— Le coup de la poche, tu ne trouves pas cela un peu tarabiscoté ?

— Écoute, tu crois ce que tu veux, moi je te dis que tous les indices que j'ai pu recueillir jusqu'à maintenant vont dans le même sens. Je suis persuadé que ce type n'est pas tombé tout seul, et qu'on l'y a aidé.

Deausser commençait à partager les convictions de son ami, mais pour rien au monde, il ne l'aurait laissé voir, ne serait-ce que par amour-propre. Les premières constatations étant terminées, il ne leur restait plus qu'à retourner à Saint-Brieuc.

Soudain, il s'avisa que le sous-officier qui l'avait accueilli lui faisait un signe de la main, l'invitant à sortir du véhicule. Il était en grande conversation avec un grand escogriffe qui habitait les environs, un certain Croguennec qui travaillait dans un garage de Tréguier. Ce qu'il révélait était du genre intéressant.

— J'ai passé tout mon début de soirée dans le coin à chercher mon chien, qui était parti courir la gueuse. Passé 19 heures, il n'y a plus grand monde dans le coin, mais j'ai quand même vu le para rôder par là. Même que cela m'a un peu surpris, car lui, à cette heure-là, il traîne plutôt dans les bars à Penvénan.

— Le para, qui est-ce ? demanda Deausser.

C'est le gendarme qui répondit.

— C'est le surnom qu'on donne à un certain Le Flochmoën. Un ancien parachutiste qui est revenu complètement timbré de l'Algérie. Il vit dans une vieille caravane juste avant Ralévy, boit comme un trou, rend des services à gauche et à droite, mais a priori, on l'a toujours catalogué comme plutôt inoffensif… quand il est à jeun.

— Y aurait-il moyen de discuter avec ce citoyen-là ?

— A cette heure-ci, il doit commencer à émerger répondit le gendarme. Allons chez lui, ce n'est pas loin.

Le para était bien chez lui. Emmitouflé dans une couette immonde, il « réchauffait la chaudière » comme il disait en s'imbibant scientifiquement de gros rouge à étoiles.

Après quelques borborygmes, le débit se mit en route, et il arriva, tant bien que mal à répondre aux questions posées. Deausser commença pour l'amadouer, par lui demander des précisions sur son passé.

— Parfaitement, mon gars, j'ai fait l'Algérie. Engagé volontaire au 1er REP (Régiment Étranger Parachutiste). Honneur et fidélité, c'était la devise. L'armée, c'était ma famille, celle que j'avais pas eu quand j'étais marmot. Du moins c'est ce que j'ai cru jusqu'à cette putain de nuit dans les Aurès. J'étais en patrouille avec une dizaine d'autres gars. On s'est retrouvés coincés par les fells dans un petit défilé. Il nous ont canardés toute la nuit et le matin, j'étais le seul survivant, mais mes cheveux étaient devenus tous blancs. La trouille, mon gars, la trouille, j'ai pas honte de le dire. Quand ils ont attaqué au petit matin, je n'ai vu que des Français autour de nous pour liquider les survivants. A cause de notre éclaireur algérien, ils nous avaient pris pour des mecs du FLN. Depuis ce jour-là, tout est cassé dans ma tête, je ne crois plus en rien, c'est comme s'il m'avaient descendus avec les autres.

Deausser ne pouvait s'empêcher de trouver ce témoignage émouvant. Le pauvre vieux semblait inoffensif, mais il fallait en avoir le cœur net.

— Vous savez que quelqu'un s'est tué à Castel Meur cette nuit ?

— La nuit, je dors.

— Qu'est-ce que vous faisiez hier soir dans le secteur ?

Le regard de Le Flochmoën se durcit.

— Vous me soupçonnez de quoi ? Évidement, c'est facile, un type comme moi ; mais j'ai rien à cacher. Hier soir, j'étais bien à Castel Meur. Le père Calvez me demande d'aller faire un tour chez lui de temps en temps quand il n'est pas là, histoire de voir si tout est en ordre. J'ai la clé, je rentre comme je veux. Hier soir, je suis resté, car il y avait de la boxe à la télé, une rétrospective sur Cassius Clay. Il boxait bien, c'était un sacré mec, dommage qu'il aimait pas l'armée.

— Vous étiez seul ? La réponse mit du temps à venir. Le Flochmoën hésitait.

— Ouais, j'étais seul.

Pas la peine d'insister, Deausser n'en tirerait rien de plus.

— Bon, ce sera tout pour cette fois.

Désormais, il fallait attendre. Attendre tout d'abord de vérifier et puis attendre surtout que quelqu'un se manifeste pour récupérer le corps. Ensuite, tout dépendrait du procureur de Guingamp, qui était territorialement compétent. S'il se rangeait à l'hypothèse proposée par les deux gendarmes, l'ouverture d'une information judiciaire contre X ne tarderait pas, Deausser recevrait une commission rogatoire générale et le médecin légiste pourrait autopsier le cadavre. tant que l'alibi de Le Flochmoën ne serait pas confirmé… à condition bien sûr qu'il y ait eu crime.

Il arrivait fréquemment que cette attente durât des semaines, voire des mois. Certains cadavres n'étaient même jamais réclamés. Mais ici, tout se passa très vite. Les parents d'Eros, intrigués, inquiets puis angoissés de ne pas avoir de ses nouvelles se mirent en rapport avec la Banque Costarmoricaine qui n'en avait pas davantage. La disparition étant enregistrée à la gendarmerie, celle-ci fit vite le rapprochement et on demanda aux parents de venir reconnaître le corps. Ils vinrent tous les deux, un vieux couple d'instits en retraite extrêmement dignes pendant ce moment pénible. Lui, sec et droit, elle accrochée au bras de son mari, le regard perdu dans le vague. Bien que le visage soit méconnaissable, ils n'eurent pas l'ombre d'une hésitation. La mère souffla juste « Oh, mon Dieu ! » et son mari, sans pouvoir proférer un son, hocha la tête en signe d'assentiment.

Deausser, quant à lui, repensait à ce qu'il avait éprouvé en voyant le corps pour la première fois. Il comprenait maintenant pourquoi celui-ci ne lui était pas inconnu. Appréciant le foot en général et supporter de l'ASSB en particulier, il l'avait vu jouer de nombreuses fois et avait été séduit par la facilité technique de ce joueur. Dire qu'il en était maintenant réduit à un tas de viande froide. Le vie est parfois injuste !

Maudissant son métier qui le mettait une fois de

plus en prise directe avec le malheur de ses semblables, il demanda aux deux vieux s'ils pouvaient dès à présent répondre à ses questions. Ils acquiescèrent avec résignation.

— Votre fils avait-il des raisons particulières de se rendre à Plougrescant ?

— A ma connaissance, non, répondit Monsieur Tolomelli, tandis que son épouse gardait obstinément les yeux fixés par terre. Vous savez, même si on ne se voyait pas beaucoup, je ne pense pas qu'il avait d'attaches particulières dans le secteur.

— Vous ne le voyiez pas beaucoup, dites-vous. Vous étiez fâchés ?

— Non, mais vous savez, Eros était quelqu'un de très secret. Enfant, déjà, on ne l'entendait pas beaucoup. C'est moi qui l'ai poussé à faire du sport, de préférence un sport collectif. Mais sincèrement, je ne pensais pas qu'en se dirigeant vers le foot, il aurait de tels résultats. Remarquez, ce n'est pas ça qui l'a rendu plus causant. Je ne pense pas qu'il avait de problèmes particuliers de communication, mais il était toujours un peu à l'écart. Quand l'équipe se déplaçait en car, alors que tout le monde jouait aux tarots ou à la belote, lui préférait son livre. Vous voyez ?

Deausser commençait à se faire une idée plus précise de la personnalité d'Eros. Le vieux reprit la parole.

— Alors, vous comprenez, quand il a dû arrêter le foot après sa blessure, il s'est renfermé sur lui-même. Après sa sortie de l'hôpital, on a été plusieurs semaines sans avoir de ses nouvelles. Même ses anciens coéquipiers ne le voyaient plus. Remarquez, ce milieu, c'est pire que les rapaces. Eros a beaucoup souffert de tout cela, et il a bien failli couler. Heureusement, il avait trouvé du boulot et était reparti du bon pied.

— A la Banque Costarmoricaine, cela se passait comment ?

— Il avait eu un peu de mal au début. La banque, c'est un monde fermé. Esbroufe, fric, et compagnie, c'est le paraître qui compte le plus. Et puis, il a commencé à s'y faire. Les dernières fois où il est venu manger à la maison, on voyait bien que ça allait mieux. J'avais même cru comprendre qu'il avait noué des relations avec un collègue de bureau. Eros l'avait même amené voir un match au Stade de France à Paris. C'était la première fois qu'il retournait voir du foot.

— Comment s'appelait-il, ce collègue ?

— Alors là, vous m'en demandez beaucoup. Non, honnêtement, je n'en sais rien. Pourquoi, c'est important ?

— Dans une affaire comme cela, tout peut être important, vous savez.

— Quelle affaire ? Que voulez vous dire ?

Deausser se racla la gorge. Ce qu'il avait à dire maintenant avait du mal à passer, mais s'il voulait recueillir davantage d'éléments, il fallait que lui aussi aille au fond des choses. Et ce n'était pas simple.

— Monsieur Tolomelli, il y a de grandes chances pour que ce qui est arrivé à votre fils ne soit pas forcément un accident.

— Comment cela ? Vous voulez dire… un meurtre ? Mais c'est impossible ! Qui aurait pu en vouloir à ce point à Eros pour aller jusque-là ? Cela ne tient pas debout !

— Dans ce cas, je reviens à mon point de départ. Que faisait-il à Plougrescant cette nuit-là, tout seul, sans véhicule ?

— Je ne peux pas vous dire, vraiment, je n'en sais rien.

— Vous avez quelque chose à ajouter ?

— Non, je ne vois pas… ah, mais si ! Avec tout cela, ça m'était sorti de l'esprit. Je ne sais pas si cela a un rapport car même Eros n'était pas encore au courant. J'ai gardé un frère en Italie dans le Frioul, juste à côté d'Udine. On était brouillés depuis très longtemps. Vous comprenez, la guerre, on ne l'a pas faite dans le même camp, car, moi, j'étais déjà en France. J'ai appris son décès il y a quelques jours par son notaire, et celui-ci cherchait à joindre Eros, car il en avait fait son légataire universel. Un gros héritage. Pour Eros, cela tombait du ciel. Financièrement, il était à l'abri. J'ai cherché à le joindre vendredi, mais il ne répondait pas. Peut-être qu'il était déjà…

Sa voix se brisa et il ne put continuer.

La suite de la conversation n'apporta pas d'autres éléments. Les vieux parents ne pouvaient lui fournir la moindre précision quant à la présence d'Eros ce soir-là dans le Trégor. Deausser sentit que l'on tournait en rond et décida d'abréger. Il demanda juste si, à tout hasard, ils avaient une clé de l'appartement de leur fils. Le père Tolomelli répondit par la négative.

— Vous savez, cela fait peu de temps qu'il avait aménagé dans ce quartier de Saint-Brieuc. Avant, je veux dire quand il jouait au foot, il habitait au centre ville. Son petit studio, il l'avait retapissé, meublé à son goût, il avait ainsi l'impression de prendre un nouveau départ.

Un sérurier ouvrit la porte de l'appartement. Un intérieur classique de célibataire, les choses à leur place. Deausser nota que Tolomelli n'avait pas souhaité faire étalage de son passé de footballeur. Rien, pas un gadget, pas un trophée, ni même une photo n'étaient là pour témoigner de l'ancienne passion du jeune homme, ce qui confirmait le témoignage de ses parents. Pour lui, le foot, c'était vraiment du passé. Deausser fouilla en vain le salon, la cuisine, la chambre et la salle de bains. Visiblement, rien ne semblait en désordre. Rien qui ne laissât présager une agression, un départ précipité. Au contraire, tout démontrait qu'il avait quitté son logement de son plein gré. D'ailleurs, autre signe qui accréditait cette thèse, c'était sa voiture. Elle lui avait été décrite par le père d'Eros, et il n'eut aucun mal à la retrouver, garée le plus tranquillement du monde à l'emplacement qui lui était assigné. Par contre, les clés, comme d'ailleurs celles de son appartement restaient introuvables. Avaient-elles également été subtilisées ? L'hypothèse de l'accident ou du suicide tenait de moins en moins la route. Comment s'était-il rendu à Port Blanc ? Il avait bien fallu qu'une autre personne le prenne en charge. C'est cette personne qu'il lui fallait retrouver. Après cela, il était intimement persuadé qu'il ne serait pas loin de mettre la main sur celui qui avait supprimé Eros Tolomelli. Restait le rôle que le Flochmoën avait joué dans tout cela. Et cet héritage tombé du ciel, est-ce que quelqu'un n'en aurait pas eu vent avant lui ? Alors qu'il s'apprêtait à partir, quelqu'un le héla. Une petite dame, la soixantaine alerte, arrivait derrière lui. C'était la voisine de palier d'Eros.

— Monsieur le gendarme, Monsieur le gendarme, je viens de me rappeler un détail.

— Je vous écoute, Madame.

— Voilà. Monsieur Tolomelli a reçu une visite jeudi soir, et cette personne est repassée le vendredi après-midi.

Le pouls de Deausser s'accéléra sensiblement.

— Continuez, je vous en prie.

— C'était un jeune homme d'environ 25 ans. Visiblement, ils avaient l'air de bien se connaître, car Monsieur Tolomelli l'a fait entrer tout de suite. par contre, le vendredi… Oh, je me mêle peut-être de ce qui ne me regarde pas…

— Cela m'étonnerait que ce soit votre genre, Madame, lâcha Deausser pince-sans-rire. La voisine ne releva pas et continua.

— Il n'a pas eu de mal à entrer, car il avait la clé.

— Vous en êtes sûre ? Vous l'aviez déjà vu ?

— Oui, il m'est arrivé de le croiser de temps en temps.

— Vous pourriez le reconnaître ?

— Certainement. C'est un grand blond avec des cheveux raides, et une petite queue de cheval, un catogan, comme ils appellent ça maintenant.

— Mais au fait, Madame, comment savez-vous tout cela ? Vous observez les allées et venues de vos voisins ?

— Non, non, absolument pas. Je passe souvent dans le couloir par hasard.

Deausser n'en crut pas un mot. Il était persuadé que la vieille dame guettait tous les mouvements dans son couloir, mais ses manies de vieille concierge venaient de le mettre sur une piste qui allait certainement devenir intéressante. Il avait maintenant, deux hypothèses de travail. Il lui restait maintenant à faire partager ses doutes et ses certitudes au juge d'instruction.

Le magistrat chargé de l'enquête, le juge Gravière, ne se laissa pas tirer l'oreille bien longtemps, se rangeant rapidement à l'avis de Deausser, et décida l'ouverture d'une information judiciaire contre X dans le cadre d'un homicide volontaire. Celui-ci avait donc les mains libres pour mener son enquête comme bon lui semblait et, avant de se rendre au siège de la Banque Costarmoricaine, il fit un petit crochet par son bureau où l'attendaient comme prévu les résultats de l'autopsie. Il n'y avait pas grand chose de nouveau par rapport à ce qu'il avait vu sur le terrain. Le décès remontait, d'après le médecin au vendredi soir, entre 10 heures et 2 heures du matin.

Mais, il trouva une indication intéressante, enfouie dans le dédale d'expressions techniques chères aux professions médicales qu'elles s'occupent des corps avant ou après le décès d'ailleurs : le médecin avait prélevé dans l'estomac d'Eros des restes d'un repas de qualité, des fruits de mer, de homard également et tout laissait à penser que ce repas avait été bien arrosé. « On ne se suicide pas après avoir mangé du homard, même s'il n'est pas frais. Cela ne tient pas debout » pensait Deausser en regagnant son véhicule « Espérons qu'à la banque, j'en apprendrai plus ». Il allait y prendre place quand on le héla de son bureau. c'était la gendarmerie de Tréguier qui le demandait au téléphone. Quelques instants plus tard, il avait le sous-off et son accent au bout du fil.

— J'ai une bonne et une mauvaise nouvelle pour vous, Deausser. La bonne, c'est que je sais pourquoi Le Flochmoën était pas dans son assiette. Il était pas seul chez Calvez, il avait amené un copain de bordée, le petit Flohic. Ils ont un peu tapé dans les bouteilles du père Calvez, ce qui explique pourquoi notre para était aussi péteux. La mauvaise, c'est qu'ils ne se sont pas quittés de la soirée, et que leurs témoignages concordent parfaitement. On les a vus ensemble toute la fin de l'après-midi, et la femme de Flohic m'a certifié qu'ils ont passé le reste de la nuit chez elle à vider les fonds de bouteille.

— Qui nous prouve qu'ils étaient chez Calvez ?

— Les traces de leur passage sont encore là. Et puis, l'émission sur la boxe dont Le Flochmoën parlait ; j'ai un collègue à la brigade qui l'a regardée lui aussi. j'ai essayé de les piéger tous les deux avec les questions les plus vaches, mais il n'y a pas de doute possible. Ils l'ont bien regardée du début à la fin. Si vous voulez mon avis, Deausser, ils ne sont pas dans le coup.

— Mais votre témoin, Croguennec, a vu le para tout seul.

— Il faisait le guet devant chez Calvez, attendant qu'il n'y ait plus personne pour que Flohic puisse entrer avec lui.

— OK, je vous remercie, c'est du bon boulot.

Deausser raccrocha. « Un suspect de moins », pensa-t-il avant de remonter dans sa voiture de service. Restait encore une autre piste, celle du mystérieux visiteur d'Eros Tolomelli. Ses parents n'en avaient pas parlé. Le connaissaient-ils ou n'avaient-ils tout simplement pas pensé à mentionner son existence ?

Arrivé au siège de la Banque Costarmoricaine, il fut très vite reçu par Daniel Skol, le chef du service des dépôts. Lui non plus ne s'expliquait pas cette tragédie. Eros était un bon employé, sans histoires, très discret, peu causant et qui s'acquittait consciencieusement de sa tâche. Il était également très apprécié à la tête de l'équipe corpo de la Banque Costarmoricaine. Bref, s'il s'agissait d'un crime, comme semblait le signifier la direction prise par l'enquête, Skol ne cernait pas très bien le mobile. Deausser lui demanda alors s'il connaissait un grand blond aux cheveux longs. Skol secoua la tête.

— Non, vraiment, cela ne me dit rien. Mais, vous savez, c'est peut-être à ses collègues de travail que vous devriez poser la question. Il travaillait surtout avec Francis Sanyon et Loïc Coatascorn.

Comme il allait prendre congé et rechercher d'autres renseignements parmi le personnel de la Banque Costarmoricaine, une dernière remarque de Skol éveilla pourtant son attention.

— Et dire que c'est deux remplaçants qu'il va me falloir trouver maintenant.

— Deux ? Pourquoi deux ?

— Parce que Coatascorn nous quitte. Il va reprendre un magasin, de la location vidéo je crois, un magasin tenu par un parent à lui à la Rochelle. Oh, ce n'est pas que je le regretterai, je n'ai jamais vraiment réussi à le cerner, celui-là. Il ne s'était jamais adapté au fonctionnement de l'agence où il avait fait ses débuts. Pas assez discipliné, manquant d'adhésion aux valeurs de l'entreprise. Mais ici, il faut avouer qu'il était efficace et qu'il n'y avait jamais de retard dans le travail. Si je pouvais en dire autant de tout le monde ! Cela risque de prendre du temps pour trouver et former quelqu'un d'autre.

Une fois l'entrevue avec le chef de service des dépôts terminée, Pascal Deausser se dirigea vers les services administratifs des dépôts. La première personne qu'il rencontra fut Francis Sanyon.

Le vieux Sanyon, éternel rêveur et la tête pleine d'idées théoriques, ignorait naturellement ce qui était arrivé à Eros et ne fut pas d'un grand secours à Deausser, sauf quand celui-ci évoqua le cas de leur collègue commun, Loïc Coatascorn. « C'était en effet la seule personne ici avec laquelle il avait un minimum de contacts, je veux dire qui débordaient un peu du simple cadre professionnel. Un solitaire comme lui. C'était d'ailleurs assez rigolo, si j'ose m'exprimer ainsi en de pareilles circonstances, de les voir manger ensemble à l'écart en silence. On aurait dit un couple de vieux ours qui tentaient de sympathiser. Certaines mauvaises langues allaient déjà jusqu'à imaginer …enfin, vous voyez. Allez plutôt voir le père Demaison, un des directeurs-adjoint. Il est dirigeant à l'ASSB et c'est lui qui avait fait entrer Monsieur Tolomelli chez nous ».

Deausser notait au fur à mesure ces éléments sur un infâme calepin. Il écrivait comme un cochon et pour pouvoir se relire, il lui fallait retranscrire ses notes au plus vite. Si l'écriture est la science des ânes, lui pouvait légitimement se prendre pour Einstein.

Après Sanyon, il passa à Loïc, qui venait juste de faire son apparition dans le bureau. « Il y a vraiment des gens qui ne cadrent pas avec leur environnement ». C'est ce que pensa Deausser en voyant la longue silhouette de Loïc venir à sa rencontre. Il ressemblait nullement à un employé de banque avec son air un peu rêveur et sa tenue pour le moins décontractée. Ce jour-là, outre son jean et son maillot de rugby de l'équipe des Wallabies, il avait aux pieds ses superbes santiags mexicaines en peau de lézard. On ne pouvait s'empêcher de les trouver inhabituelles dans un tel lieu où le conformisme et la tradition vestimentaire sont élevés au rang de dogme. Le premier moment d'étonnement passé, Deausser commença à enchaîner ses questions.

— Vous connaissez bien Eros Tolomelli ?

— C'est drôle, mais je me doutais bien que vous veniez pour lui.

— Pourquoi cela ?

— Il n'a pas donné de nouvelles depuis maintenant une bonne semaine. Ce n'est pas son habitude. J'imagine que sa famille s'est inquiétée et qu'elle vous a chargé de le retrouver.

— Vous avez raison, sauf sur un point. Il avait effectivement disparu et on l'a retrouvé… mais mort. Il s'est tué en tombant d'un rocher à Plougrescant.

Loïc se rassit, se composant d'urgence un visage catastrophé. Dans son for intérieur, il s'en voulait d'avoir sous estimé les forces de l'ordre, car il ne pensait pas avoir à subir ce type d'interrogatoire aussitôt. Il allait donc devoir s'appliquer à ne pas éveiller les soupçons face à un flic qu'il devinait retors et cela à partir de la première parole qu'il allait proférer.

— Le pauvre gars. Il aura vraiment eu la poisse jusqu'au bout. Vous saviez qu'avant de venir travailler ici, il avait failli devenir footballeur professionnel et qu'il a dû arrêter à cause d'une blessure ?

— Oui, je m'intéresse au foot moi aussi. Vous le connaissiez bien ?

— Un peu, comme ça. Il n'était guère causant, vous savez. On aurait dit qu'il faisait un complexe d'infériorité en travaillant ici dans les bureaux, avec tous ces gens qui le toisaient de haut. Pourtant, je vous assure qu'il n'y a vraiment pas de quoi en faire une montagne. Il bossait plus vite et mieux que certains qui le prenaient pour un plouc.

— Vous aviez pourtant des relations en dehors ?

Loïc vit venir le piège et il contre-attaqua tout de suite. Il n'avait été vu qu'en une seule occasion avec Eros, alors autant jouer franc jeu sur ce terrain-là.

— Vous faites sans doute allusion au match que l'on a été voir ensemble à Paris au Parc. C'est lui qui me l'a proposé et cela semblait lui faire vraiment plaisir. Alors, comme moi aussi je suis célibataire et que je n'étais guère occupé ce week-end-là, j'ai accepté.

— Vous êtes célibataire ?

— Oui, et parfaitement heureux de l'être. J'aime les femmes, mais pas trop longtemps. Je suis bien trop attaché à mon indépendance.

Les réponses venaient et trop vite et trop bien peut-être. L'affliction, l'apitoiement de Loïc et le caractère un peu extraverti de sa peine quand il fut question des détails de la mort d'Eros, mirent Deausser mal à l'aise. Il trouvait un peu étrange que ce garçon qui avait de bonnes relations avec la victime, l'avoir accompagné au match à Paris l'attestait, ne se soit pas manifesté alors qu'Eros avait disparu depuis une semaine (« A sa place, je me serais inquiété, pas lui. Curieux »). Cela ne cadrait pas tout à fait avec l'affliction qu'il semblait éprouver. Deausser décida de tester un peu son témoin.

— Vous savez, Monsieur Coatascorn, rien ne dit qu'il s'agisse d'un accident, ni d'un suicide. Moi, je pencherais plutôt pour un meurtre. Un meurtre habile car admirablement dissimulé, mais un meurtre quand même.

Loïc se sentit pâlir et ce n'était vraiment pas le moment.

— Un meurtre ? Mais on l'aurait tué pour quoi ? C'est débile, il n'y avait aucune raison pour cela. A ma connaissance, il n'avait pas beaucoup d'argent devant lui ou alors si peu, et avec son infirmité, ce n'était vraiment pas le genre à susciter des jalousies. C'était un solitaire, sauf que lui, contrairement à moi, il le vivait très mal. Non, je crois que vous faites fausse route.

Deausser avait enregistré la brusque pâleur de Loïc Coatascorn, mais il n'en laissa rien paraître. Après tout, peut-être que celui-ci était tout simplement émotif.

— Remarquez, maintenant que j'y pense, il y a bien eu… Non, cela n'a sûrement rien à voir…

— Dites toujours.

— Eh bien voilà. Il y deux bonnes semaines, Eros a reçu un coup de téléphone personnel. J'étais dans son bureau et il avait l'air le premier surpris car cela lui arrivait plutôt rarement. La conversation n'a pas duré bien longtemps, mais il était blanc comme un linge en raccrochant. Il a marmonné deux ou trois mots du genre que cela ne finirait jamais et il est parti en claquant la porte. Il est revenu cinq minutes plus tard, souriant comme si de rien n'était.

— Vous dites qu'il était rare qu'il soit ainsi appelé.

— Il en était le premier surpris. Quand j'y repense, il donnait l'impression d'être furieux et apeuré, un peu comme si cette personne le pourchassait depuis longtemps et venait de le retrouver.

— Selon vous, il se cachait ou il avait quelque chose à cacher ?

Loïc, dans sa tête, prit son élan. C'était le moment où il devait être parfaitement crédible.

— Cela me fait drôle d'en parler maintenant, mais plus j'y réfléchis, plus il y a de détails qui me reviennent en mémoire. Cela m'embête un peu de vous dire cela, parce que je ne voudrais surtout pas vous donner l'impression de le salir ou de ne pas respecter sa mémoire, mais je crois qu'il se camait.

— A quoi voyiez-vous cela ?

— On parlait tout à l'heure de ses sautes d'humeur. Elles étaient fréquentes, des moments de déprime, puis des périodes euphoriques comme cela, sans motif apparent. Il passait régulièrement de l'une à l'autre. Et puis, il y avait ses moments de crise. Certains matins, il me tapait des clopes, parce qu'il n'arrivait pas à rouler les siennes tellement il tremblait. Vous savez, j'ai été étudiant pendant plusieurs années à Rennes avant de travailler ici. Je peux vous dire que l'herbe et la coke étaient très facile à trouver dans les cités universitaires pour ceux que cela intéressait. Croyez-moi, j'en ai vu défiler quelques-uns. C'est pour cela que je suis quasiment formel : Eros, d'après ses réactions, devait y toucher et sûrement pas que de temps en temps !

— Vous pensez que le coup de téléphone dont vous me parliez était lié à cela ?

— Sincèrement, je n'en sais rien. C'est vrai que cela ne me surprendrait pas. Mais, j'y pense, vous devriez peut-être voir Demaison. C'est lui qui l'a fait rentrer ici. Il s'occupe de l'ASSB. Il le connaissait bien. Il vous dira certainement qu'Eros avait eu du mal à vivre sa période d'après-football.

— Au fait, vous qui le connaissiez un peu en dehors, connaissiez-vous un de ses amis, un grand blond à cheveux longs ?

— Non, désolé, jamais vu. Vous savez, nous n'étions pas si intimes que cela.

Décidément, ce fameux Monsieur Demaison s'avérait incontournable. Ayant salué Loïc, Pascal Deausser se dirigea vers les bureaux de la direction, où Monsieur Demaison, prévenu de sa visite imminente, l'attendait. Demaison était un homme chaleureux, de contact plutôt facile, à l'aise dans sa peau comme dans ses fonctions, passionné de foot, et il apparut très affecté par la mort de son jeune protégé.

— Le pauvre garçon. Je ne suis pas superstitieux, mais il devait quand même être né sous une mauvaise étoile. Pourtant, j'étais persuadé qu'il était reparti du bon pied.

— C'est vous qui l'avez fait rentrer à la Banque Costarmoricaine ? demanda Deausser.

— Oui, et plus le temps passait, plus je me félicitais de ce choix. Il donnait satisfaction, s'était mis au boulot sérieusement. Et puis, voilà, une connerie, une imprudence…

— En admettant que ce ne soit pas un accident ?

Demaison fit un bond sur son fauteuil, écarquillant les yeux.

— Vous voulez dire un meurtre ? Vous rigolez ou quoi ? Mais qui aurait pu faire cela ? C'était une bonne pâte comme on rencontre trop peu. D'ailleurs, s'il s'était fait respecter un peu plus sur le terrain, il y a belle lurette qu'il jouerait en D1. Mais Eros était un artiste, un gentil garçon. Il n'a d'ailleurs jamais pris le moindre avertissement au cours d'un match, c'est quand même un signe !

— Avait-il conservé des liens avec le milieu du foot ?

— Non, aucun. Et là, je suis catégorique. Il ne venait jamais aux matches de l'ASSB, et ne voyait plus personne. Je crois qu'il a été déçu qu'après son accident, le club l'ait ainsi laissé tomber. C'est vrai qu'on a pas été nombreux à lui rendre visite à l'hosto. Il l'a mal vécu, et se laissait sérieusement aller au moment où je l'ai rencontré. Il ne faisait plus rien, traînait dans les bistros, commençait à ressembler à un ancien combattant qui radotait sur un passé flamboyant et sur son époque révolue. Oui, il était mal en point et c'est d'ailleurs tout à son honneur de s'être remis de lui-même sur le bon chemin aussi vite. Quel dommage que tout cela se termine comme cela !

— Vous pensez qu'il aurait été jusqu'à la drogue ? interrogea Deausser.

Mais là encore, la réponse de Demaison fut sans ambiguïtés.

— Je ne l'imagine pas une seconde. Au club, c'est lui qui animait toutes les campagnes en faveur de la lutte antidopage. Cela tenait même de l'intransigeance et cela ne cadrait d'ailleurs pas tellement avec le reste du personnage, qui était très consensuel.

— Selon vous, il y a une explication à cette attitude ?

— C'est malheureusement on ne peut plus simple. Un de ses meilleurs copains au lycée est mort d'une overdose. De l'héroïne trafiquée. Cela fait bien cinq ou six ans que cela s'est passé, mais cela l'avait beaucoup marqué. D'ailleurs, quand je vous disais tout à l'heure, quand je vous disais qu'il n'avait pas gardé de contacts avec ses anciens coéquipiers, il y en a un qui fait exception, le grand Le Corguillé.

Pascal Deausser l'interrompit

— Un grand blond avec un catogan ?

— Oui, vous le connaissez ?

— J'en ai entendu parler. Continuez.

— Le Corguillé était un sacré joueur, lui aussi mais plutôt physique, un milieu défensif, le genre Petit, à qui il ressemblait d'ailleurs un peu. Il a eu quelques problèmes de drogue, et son niveau de jeu s'en est ressenti. Il joue maintenant en réserve. Il faut dire qu'il fait les trois huit à l'usine et que sa condition physique s'en ressent. J'ai eu l'occasion de discuter un peu avec lui, je sais qu'il revoyait Eros.

— Tolomelli le fournissait ?

— Oh non, au contraire. A mon avis, Eros a fui tout le monde tant qu'il a eu ses problèmes d'alcool. Dès qu'il en est sorti, cela s'est su et un gars comme Le Corguillé est revenu le voir. Eros avait une sacrée influence sur lui. Il l'aidait à ne pas à replonger.

— Pensez-vous que ce Le Corguillé aurait pu avoir une clé de chez Tolomelli ?

— C'est tout à fait possible. Eros n'avait pas beaucoup de potes, mais il aurait donné sa chemise. Sa clé aussi, certainement.

La fin de la conversation ne lui apporta pas grand chose de nouveau, et les autres éléments qu'il put recueillir ainsi à droite et à gauche lui parurent bien maigres en fin de compte.

Décidément, cette affaire mettait du temps à démarrer. Pascal Deausser ne s'en souciait pas trop. Ce type de dossiers traînait souvent en longueur, et puis, au moment où on ne s'y attendait pas, la lumière jaillissait et tout s'accélérait. Dans un premier temps, il allait s'intéresser à ce Le Corguillé en général, et à son alibi en particulier. Mais quelque chose d'autre le tracassait, ce fameux penchant pour la came évoqué par Coatascorn, qui d'ailleurs n'avait été confirmé par personne d'autre ; ni par Demaison, ni par les membres du personnel de la Banque Costarmoricaine, ni dans son entourage familial. Certes, les drogués sont des gens imprévisibles et souvent les proches ne remarquent rien.

« A creuser, tout ça ! », pensa-t-il en mettant le contact. Il regarda sa montre. « Bon, pour aller à l'usine où bosse ce Le Corguillé, c'est un peu tard. A cette heure-ci, les locaux administratifs de la boite sont sûrement fermés. On verra cela demain ».

VII

Le lendemain matin, Pascal Deausser se rendit à « L'Emboutissage briochin », nom de l'entreprise qui avait embauché Le Corguillé il y avait maintenant quelques années : Deausser put assez vite avoir un entretien avec le responsable du personnel.

Visiblement, Le Corguillé était un excellent employé :

— Il est ponctuel, serviable, et fait souvent preuve d'esprit d'initiative. c'est vrai qu'au début, il a eu du mal à assimiler le rythme contraignant des trois-huit. Il n'arrivait plus à concilier son boulot et le foot. Et puis, il a eu l'intelligence de comprendre rapidement que son avenir professionnel n'allait pas passer par le ballon rond. Du coup, le foot est devenu pour lui un loisir, et désormais, sur le plan professionnel, il donne toute satisfaction.

— Pourriez-vous me dire si la semaine dernière, il était de service et à quelle heure, plus précisément le vendredi de la semaine dernière ?

— C'est facile, attendez une seconde... Voilà, cette semaine-là, il faisait les nuits, à savoir qu'il commençait à 20 heures pour finir sur le coup de 4 heures du matin.

— Il était bien là le vendredi soir ?

— Son absence ne m'a pas été signalée ».

« Encore un espoir qui s'envole », pensa Deausser. Il demanda cependant.

— J'imagine qu'à cette heure de la journée, il doit être couché chez lui après sa nuit.

— Détrompez-vous, cher Monsieur. Tous les quinze jours, les gars changent d'horaire. Il fait les matinées cette semaine, Le Corguillé. Vous le trouverez dans le troisième entrepôt à droite.

Le jeune homme, immense dans sa grande salopette bleue, ne fut pas difficile à trouver.

Visiblement, la mort d'Eros lui avait causé un choc dont il ne s'était pas remis. Ses yeux rougis et ses traits tirés en étaient la preuve. Pour une raison qu'il n'arriva pas à déterminer, cette grande bringue apparut tout de suite sympathique à Deausser, d'autant plus qu'il avait un alibi inattaquable pour le vendredi soir.

— Cette nuit-là, je travaillais à l'emballage. Nous sommes cinq dans la même pièce, et les quatre autres vous certifieront sans problèmes que je n'ai pas quitté mon poste. On a écouté les résultats de foot et on a même bu un petit coupe de liqueur de poire, celle qu'on garde pour les grandes occasions, parce que Rennes avait gagné à l'extérieur.

— Vous êtes passé pourtant ce soir-là chez Tolomelli ?

— Juste, avant de venir ici. Je voulais lui emprunter un polar dont il m'avait parlé la veille. *La nuit rouge* de Jean-François Coatmeur. L'action se passe à Brest, et comme je suis de Brest même…

— Il n'était pas là.

— Non, mais il m'a donné un double. il m'a toujours dit que chez lui, je faisais comme chez moi.

— Qu'est-ce qui lui est arrivé selon vous ?

— Je ne comprends vraiment pas. Plougrescant, il ne connaissait personne là-bas. Je me demande même s'il y a jamais foutu les pieds (Deausser nota que cela recoupait ce qu'avait déjà dit ses parents). Tombé d'un rocher, en plus ! Cela ne lui ressemble pas, avec sa patte folle, il n'était pas du genre à jouer les équilibristes. C'est vraiment trop con !

— Dernière question : la came, vous en êtes où ?

— Vous êtes décidément bien renseigné. Mais pas encore assez, sinon vous sauriez que j'ai décroché de l'héro depuis un bon bout de temps. Regardez mes bras, vous n'y trouverez plus la moindre trace de piqûre. C'est vrai que j'ai eu du mal à gérer l'après-foot. Mais c'est Eros qui m'a sorti de là, en me confiant à une association qui m'a sevré grâce à des produits de substitution. Eros, je lui dois tout. Bon, si vous n'avez plus de questions, cela m'arrangerait, parce-que là, j'ai envie de rester un peu seul, vous comprenez ? Ses yeux brillaient et les larmes n'allaient pas tarder. Deausser respecta sa peine, le remercia et partit.

Absorbé par ses pensées, le trajet jusqu'à la brigade de Saint-Brieuc lui parut extrêmement court. « Le Flochmoën et Le Corguillé sont à mettre hors de cause, c'est certain. De plus j'ai du mal à croire que Tolomelli se drogue de son côté, et tente d'en sortir ses amis. Et que foutait-il à Plougrescant. Avait-il rendez-vous ? Avec qui ? Oh, que ça m'énerve de patauger comme cela ! »

Une grande partie de ses idées noires s'envola quand il pénétra dans son bureau. Il partageait en effet celui-ci avec une jeune collègue, gendarme comme lui mais qui sortait tout droit de l'école. Sylvaine Laroche, c'était son nom. Si beaucoup de femmes ne voient leur silhouette guère améliorée par le port de l'uniforme, ce n'était pas le cas de Mademoiselle Laroche. D'ailleurs, à la réflexion, on se demandait bien ce qui pouvait ne pas lui aller. Sylvaine attirait régulièrement tous les regards à l'occasion des séances d'entraînement de la brigade à la piscine, et il y avait de quoi. Taille moyenne, mais très bien faite, cheveux châtains bouclés, elle avait en plus les yeux d'un vert clair qui vous faisait fondre au premier sourire. Et comme elle souriait souvent…

De plus, elle alliait à ses qualités physiques de

réelles compétences professionnelles. Alors que Saint-Brieuc ne constituait que sa première affectation, elle réfléchissait et se comportait comme un élément chevronné. Pascal Deausser eût été célibataire, il aurait certainement regardé sa jeune collègue d'un autre œil. Mais il était heureux en ménage et cela lui suffisait. Les plaisanteries appuyées et les regards entendus de ses collègues ne changeaient rien à l'affaire. Au contraire ! Pour lui, c'était une très jolie collègue, une collègue agréable à regarder certes, mais une collègue… Point final.

Il classait dans le dossier le rapport de la gendarmerie de Tréguier, qui avait enquêté sur les restaurants de la région, quand Sylvaine fit son apparition dans le bureau. Après un grand sourire et une poignée de mains, elle démarra d'entrée sur l'affaire Tolomelli :

— Alors, et ce fameux Le Corguillé ?

Pascal Deausser lui fit un petit condensé de son entrevue avec l'ancien footballeur, ainsi que des différents témoignages qu'il avait recueillis. Pas grand chose de concret en vérité, beaucoup de pistes qui s'arrêtaient sans rien donner. Tous deux tombèrent d'accord sur le fait qu'il fallait impérativement demander un examen toxicologique complémentaire de la victime, histoire de voir s'il pouvait y avoir un prolongement à cette histoire de drogue au cas où. Il fallait d'ailleurs se dépêcher car, plus on tardait, plus les prises de sang post-mortem s'avéraient techniquement difficiles à entreprendre.

Pendant que Sylvaine allait faire le café, il se replongea dans les conclusions de ses collègues de Tréguier. Ils avaient fait le tour des restaurants de la région (et il y en avait quand même quelques-uns !) qui avaient servi des fruits de mer le soir de la disparition d'Eros. Là encore, chou blanc. Des souvenirs imprécis, de vagues ressemblances, c'est fou le nombre de gens qui s'imaginent avoir vu en chair et en os la victime juste avant son décès. Il y avait bien un restaurateur qui se souvenait d'une silhouette vaguement ressemblante, un client qui avait d'ailleurs forcé un peu sur la boisson et que son compagnon tentait, plutôt mollement d'ailleurs, de raisonner. Mais tout cela n'allait pas bien loin. Il profita d'avoir le dossier ouvert devant lui pour y insérer ses propres rapports. Dans chaque dossier, tout acte de procédure est qualifié, rédigé et figure avec les autres pièces, ce qui représente un travail administratif énorme et fastidieux. Sainte paperasse, mère de tous les vices !

Sylvaine revint avec les tasses de café fumant.

— Donc, il ne reste plus, comme piste non encore explorée celle du bouquiniste.

— Quel bouquiniste ? Ah oui, le fameux bout de papier dans la poche du jean. Je n'y pensais même plus à celui-là. Tu parles, cela ne devrait pas nous conduire bien loin. Je connais un peu ce type de boîtes. Ils ont une clientèle très fluctuante, qui paie en liquide, des stocks qu'ils constituent auprès de particuliers ou d'autres bouquinistes. En plus, ce fameux papier m'a tout l'air de sortir d'une édition courante. Enfin, si on n'essaie pas, on n'arrivera à rien ! Je vais toujours commencer par là. Après, je verrai si Tolomelli était connu dans le monde de la came. Saint-Brieuc n'est pas grand. S'il était client quelque part, je finirai bien par le découvrir.

Deausser se dirigea vers le magasin du bouquiniste. A l'intérieur régnait un capharnaüm indescriptible. Des étagères partout surchargées de livres, de bandes dessinées, de vieux 33 tours. Il devait être impossible de s'y retrouver sans boussole. L'endroit semblait désert, et Deausser allait appeler quand une voix caverneuse, comme surgie d'outre tombe, retentit soudain.

— Vous cherchez quelque chose. Je vous préviens, j'ai peut être l'air un peu exotique comme cela au premier abord, mais je suis en règle, j'ai des factures.

Une sorte de Robinson Crusoë des temps modernes jaillit soudain des entrailles du magasin. Complètement chauve, une barbe de trois jours, fringué à la dernière mode de chez Emmaüs, il dardait sur son visiteur un regard inquisiteur. Deausser se hâta de dissiper le malentendu.

— Tranquillisez-vous. Je ne viens pas pour vous

demander des comptes, mais plutôt un renseignement. Je suis à la recherche de quelqu'un qui a perdu ce morceau de papier. Comme les coordonnées de votre magasin y figurent, vous comprendrez mieux sans doute le but de ma visite.

A moitié rassuré, le commerçant consentit en maugréant à jeter un œil sur le fameux papier.

— Alix Karol, Alix Karol. Il y a belle lurette que je n'ai pas dû en vendre, des Karol. Je ne sais même pas s'il m'en reste. Il y a bien quelqu'un qui m'en demande de temps en temps. Alors, je les mets de côté car il m'arrive encore d'en trouver quand je vais me réapprovisionner à Paris, mais c'est tout.

— Vous vous rappelez de ce quelqu'un ?

— Sincèrement non, je ne suis pas très physionomiste. Tout ce que je sais, c'est que cela fait une paye que je ne l'ai pas vu. Pourtant, sans en être absolument sûr, il me semble qu'il passe assez régulièrement.

— S'il revient, vous me préviendrez ?

— Pour quoi faire ? Qu'est-ce qu'il a bien pu fabriquer pour vous intéresser à ce point ?

— Je ne peux pas encore vous le dire. Mais, croyez-moi, j'ai grand besoin de le retrouver.

— C'est bon, je verrai, mais je ne vous promets rien.

Deausser retourna à sa brigade. Il prit son téléphone et fit un tour rapide du milieu briochin afin de découvrir si l'hypothèse de Tolomelli consommateur de came tenait la route. Force lui fut de constater, après de louables efforts qu'il se dirigeait dans une impasse. Personne, parmi tous ceux qu'il avait pu interroger, ne se souvenait avoir vu Eros mêlé de près ou de loin à une quelconque histoire de came. Par contre, un petit dealer qui opérait rue des Trois Frères le Goff se rappelait bien, pas d'Eros qu'il ne connaissait pas, mais de Le Corguillé. « Cela fait un bout de temps que je ne l'ai vu rôder par ici ». Ceci confirmait les propos tenus à Deausser. Cette histoire de came apparaissait décidément bien floue, sauf si bien sûr Eros possédait une source d'approvisionnement particulièrement discrète. Peu plausible, tout cela. Deausser y croyait de moins en moins, ce qui ne faisait que renforcer les doutes qu'il entretenait depuis le début. Mais, pour l'instant, faute d'éléments déterminants, l'enquête était au point mort. Il avait tiré tout ce qu'il pouvait tirer des éléments qu'il avait à sa disposition et il ne pouvait guère avancer davantage. L'élément qui lui permettrait désormais de progresser, à savoir les conclusions de l'examen toxicologique, ne tarderait pas à lui être communiqué. Il lui fallait donc prendre patience.

Les jours suivants il fut sollicité ainsi que bon nombre de ses collègues pour une opération de trafic de cigarettes de grande envergure qui dépassait le cadre départemental. La traque fut lente, une surveillance pointue du réseau des trafiquants lui causa beaucoup de soucis et d'insomnie. L'affaire Tolomelli, et c'est bien normal, lui sortit un peu de l'esprit.

De retour chez lui, il eut à peine le temps de poser son sac dans l'entrée de son appartement et d'embrasser sa femme. Il envisageait de donner un aspect plus consistant à ces retrouvailles que déjà le téléphone, insistant, se manifestait. C'était sa collègue, Sylvaine Laroche, qui ne tenait plus en place.

— Salut Pascal. Excuse-moi de te déranger si vite, mais on m'a dit que tu venais de rentrer. Dis, il faut absolument que tu passes voir le bouquiniste. Son amateur s'est manifesté hier. J'ai essayé d'en savoir un peu plus, mais visiblement, il ne veut avoir affaire qu'à toi.

— C'est bon. Je prends une douche et j'arrive.

Deausser fit quand même un petit crochet par le bureau, et bien lui en prit. Les résultats de l'examen toxicologique d'Eros Tolomelli étaient là. Il déchira fébrilement l'enveloppe. Les conclusions étaient éloquentes : pas de marques de piqûre sur les avant-bras, pas de restes de lignes de cocaïne dans les narines, aucune trace non plus de quoi que ce soit dans le sang ni dans les urines.

— Blanc comme neige, osa-t-il dans un mauvais jeu de mots, qu'il regretta aussitôt devant la mine courroucée de sa jolie voisine.

Une demi-heure plus tard, Pascal Deausser poussait

la porte du bouquiniste. Il patienta le temps que celui-ci conseille les deux clients qui étaient avant lui. Le vieux leva enfin le regard vers lui.

— Eh bien, on peut dire qu'avec vous, cela ne traîne pas. Il est venu hier, votre client.

— Vous êtes sûr que c'est bien lui ?

— Il a commencé par me demander si je lui avais trouvé des Karol. Il a pris les trois que je lui avais mis de côté. En tout, avec ce qu'il a déniché dans le fond du magasin, il m'en a bien pris une bonne vingtaine. On est resté discuter un bon quart d'heure, il n'avait pas l'air d'être pressé, ni d'être attendu.

— Continuez.

— On a causé de tout et de rien, mais ce que je n'ai pas oublié, c'est cette conversation au sujet du nombre de plus en plus importants de clients qui veulent absolument payer par carte. Je me rappelle bien, il m'a même dit que, vu le chiffre d'affaires qui devait être le mien et le taux de commission réclamé par les établissements bançaires en général, cela ne valait vraiment pas le coup. Être familier à ce point des techniques bancaires, pour moi, c'est pas très courant.

La banque, la banque. L'esprit de Deausser se catalysa sur une image précise. Mais il voulut que la précision vienne du bouquiniste. Beaucoup trop de témoins se laissant influencer par un interrogatoire un peu trop directif.

— A quoi il ressemble, votre client ?

— Il a des faux airs de Luc Alphand, le skieur, si vous voyez qui c'est.

On y était ! Deausser poussa encore ses pions un peu plus loin.

— A tout hasard, il ne ferait pas 1,90 m ou à peu près ?

— Oui, il faisait bien cette taille-là.

— Brun, cheveux en brosse, bouc très court ?

— La coupe de cheveux, je ne m'en souviens pas, mais pour le bouc, vous êtes dans le vrai.

— Vous avez remarqué ses vêtements, ses chaussures, quelque chose de spécial ?

— A priori, non… Ah si, les chaussures. C'est le bruit qu'il faisait en marchant qui m'a fait me pencher pour les regarder. Des santiags en lézard magnifiques ! Pourquoi ? C'est important ?

— A un point que vous ne pouvez imaginer. Merci pour tout !

Bingo ! Cette description ressemblait trop au collègue de Tolomelli, le dénommé Loïc Coatascorn, pour qu'il s'agisse d'un simple hasard. Deausser retourna à la brigade, tout excité, mit Sylvaine Laroche au parfum et celle-ci déploya de louables efforts pour calmer l'ardeur de son voisin de bureau, plus « Muzo » que jamais.

— Écoute, Pascal, c'est certainement important, mais regarde la vérité en face. La seule chose nouvelle, c'est qu'une page d'un livre acheté par Coatascorn se trouvait dans la poche du jean de Tolomelli. Ils travaillent dans le même bureau. Se prêter un livre ou échanger les coordonnées d'un livre, c'est quelque chose qui pourrait nous arriver tous les deux, alors pourquoi pas lui ?

— Je sais bien, mais je le sens pas, ce gars-là. rappelle-toi, lui seul prétend que Tolomelli prenait de la drogue, alors que nous avons aujourd'hui la preuve manifeste que c'est faux.

— Il s'est peut-être trompé.

— Ou il a voulu sciemment nous envoyer sur une fausse piste. Je retourne le voir, je veux en avoir le cœur net. En attendant, peux-tu commencer à faire des recherches sur Coatascorn. Quand on en parlera au Commandant Desfontaines, il nous faudra des biscuits.

Deausser parti, Mademoiselle Laroche commença donc son travail de fourmi. Elle savait qu'il ne fallait pas se fier à l'excitation que Deausser avait ressenti au moment de son entretien avec le bouquiniste. La solution passait par des recherches minutieuses, et ça, elle était sûrement plus patiente que lui à ce petit jeu. Elle accéda aux relevés bancaires de son « client », mais ceux-ci ne lui apprirent pas grand chose. Peu d'argent de côté, mais peu de dépenses. Elle éplucha ensuite consciencieusement ses factures téléphoniques. Il faut en effet savoir que

France Télécom peut retrouver des traces de communications téléphoniques sur des lignes qui ne sont pourtant pas sur écoute jusqu'à six mois en arrière, et cela même sur les téléphones portables. L'examen ne donna pas grand-chose mais, malgré cette déception passagère, elle se motivait à voix haute. « Personne ne l'a vu à Plougrescant et c'est peut-être… Plougrescant ? Je suis le reine des connes. Comment n'y ai je pas pensé plus tôt ? ».

L'idée de Sylvaine Laroche était toute simple, à savoir retrouver la trace de Coatascorn à Plougrescant. Le Minitel ne donna rien, (et pour cause, Loïc avait pris soin de se mettre sur liste rouge) mais la réponse que lui fit le service facturation de l'EDF la fit sauter au plafond. Il y avait en effet un abonné au nom de Loïc Coatascorn qui demeurait à Castel Meur en Plougrescant. Quelques minutes plus tard, elle était penché sur la carte d'état-major de Plougrescant. Il n'y avait pas cinq cents mètres entre le hameau où résidait Coatascorn et le lieu où on avait trouvé le cadavre de Tolomelli. Sylvaine esquissa un petit sourire, celui de la victoire toute proche. Sans perdre une seconde, elle reprit son téléphone afin de joindre le restaurateur, installé à Trégastel, qui avait cru reconnaître Eros le soir du crime afin d'obtenir une description du compagnon du jeune homme. Les souvenirs du restaurateur n'étaient guère plus précis que quand la brigade de Tréguier l'avait cuisiné, mais, quand la jolie gendarmette se lança dans une description de Loïc, la mémoire lui revint de façon déjà un peu plus précise.

— Maintenant que vous me le dites, il me semble qu'il était comme ça ! Un grand, brun, costaud ? Ouais, probable. Ce dont je me souviens maintenant, c'est de m'être fait la réflexion qu'il encaissait mieux le vin que son ami.

De son côté, Pascal Deausser, tentait désespérément de faire tomber les défenses de Loïc, mais celui-ci tenait bon.

— Si je reconnais la page de ce livre ? Bien entendu, c'est moi qui l'ai acheté chez le bouquiniste du centre ville. Eros s'est servi de la page de garde pour noter une référence. Et alors, où est le problème ?

— Il est chez vous ?

— Bien sûr qu'il est chez moi. Loïc jouait sur du velours. Il ne restait plus grand-chose à Castel Meur, il avait quasiment tout rapatrié chez lui. Deausser ne s'avoua pas vaincu.

— Au fait, le vendredi de la mort de Tolomelli, vous étiez où ?

Loïc prit son souffle.

— Chez moi, et tout seul en plus. Je sais que cela n'est pas bon pour moi, si vous me suspectez. Pourtant je peux vous dire exactement ce que j'ai fait. J'ai regardé *Apocalypse Now* et je me suis repassé plusieurs fois la fameuse scène des hélicoptères sur l'air des *Walkyries* de Wagner. Un voisin peu sociable a manifesté sa mauvaise humeur dans le couloir, n'appréciant guère le bruit des hélicos. Vous êtes satisfait ?

— Je vous prie de m'excuser, Monsieur Coatascorn, mais il s'agit d'une enquête particulièrement compliquée, et aucune piste n'est à négliger.

Pendant que Deausser reprenait le volant de sa Clio, Loïc faisait le point. « Bon, cette fois-ci, c'est passé. Ce coco-là est persuadé qu'il y a quelque chose qui cloche, l'accident, il n'y croit pas, il n'a pas de preuves, mais il n'y croit pas. Il va être grand temps d'activer et de me tailler d'ici ». Il ignorait que le gendarme se précipitait à son domicile de la rue Voltaire où, à son grand désarroi, plusieurs personnes se souvenaient que le vendredi en question, il y avait bien quelqu'un chez Loïc. « On repart à zéro, c'est pas vrai. si cela continue, je vais finir par croire à un suicide ».

Inutile de décrire le bond de kangourou qu'il effectua lorsque Sylvaine le mit au courant de ses recherches. Tous deux demandèrent immédiatement audience au Commandant de brigade, le Commandant Desfontaines.

Celui-ci, imperturbable, très « Major anglais de l'Armée des Indes » écouta sans mot dire le rapport conjoint de Sylvaine Laroche et de Pascal Deausser.

— Ce qui m'embête dans vos conclusions, et vous vous en doutez, c'est que vous n'avez pas la moindre preuve. Certes, le fait qu'il possède une maison à quelques encablures du lieu de découverte du corps est en soi assez troublant. Qu'a-t-il comme alibi au moment de la mort, parce que j'imagine qu'il a un alibi ?

— Oui, mon Commandant. Il était chez lui. Il a regardé un film sur cassette, « Apocalypse Now ».

— Seul ?

— Oui, les voisins ont confirmé qu'il y avait eu du bruit chez lui tout le week-end. Mais ils ont ajouté avoir trouvé cela un peu drôle, car d'habitude, il n'est jamais là le samedi et le dimanche. Et ça, c'est encore un signe.

— Comment cela ?

— Il n'est jamais chez lui ces jours-là, et là, comme par hasard, il se trouve des gens à pouvoir attester de sa présence, ou tout du moins qu'il y avait du bruit chez lui, car personne ne l'a vu. Il aurait voulu se fabriquer un alibi qu'il ne s'y serait pas pris autrement.

— Et les autres week-ends, où se trouve-t-il ?

— Cela, personne ne le sait. C'est un vrai mystère, ce gars-là. Peut-être dans sa maison de bord de mer ?

— Écoutez, Deausser, il faut en savoir quand même un peu plus avant de reprendre contact avec le juge d'instruction. Je sais, vous allez me dire que c'est votre enquête, et vous aurez entièrement raison. Aussi je me bornerai à vous donner quelques conseils. Croyez-moi, il n'est pas encore à point, ce gars là. Pour l'instant, il a l'impression que nous pataugeons, que nous lançons des lignes un peu dans toutes les directions. Il ne se méfiera donc pas si vous revenez à la charge, et là essayez de le piéger, de lui faire peur. Je suis sûr comme vous que vous tenez votre gars, mais il me faut du consistant. ne bougez pas, j'appelle le juge d'instruction. »

Pendant que le commandant faisait le point avec le juge, Deausser récapitulait avec Sylvaine les éléments à leur disposition. Tout indiquait désormais que Loïc Coatascorn était mêlé de près à la disparition d'Eros Tolomelli. Il était maintenant établi que Coatascorn avait un domicile à cent mètres du lieu où on avait trouvé la victime, qu'il avait été vu quelques heures avant son décès en sa compagnie, qu'il souhaitait changer d'air et avait d'ailleurs donné sa démission de la Banque Costarmoricaine, que la victime possédait un fragment d'un livre lui appartenant, et que quelqu'un semblait s'être donné beaucoup de mal pour retarder l'identification d'Eros.

— Tout cela commence à faire beaucoup, tu ne trouves pas ? demanda Deausser à la jeune Sylvaine.

Celle-ci fit la moue.

— Il y a quand même un truc qui me chiffonne. C'est vrai, tout joue maintenant contre Coatascorn, à un point que cela en devient même gênant. Et le mobile ? C'est pas le fric quand même ! Ils n'ont pas un centime d'économie, l'un comme l'autre.

— A moins que Coatascorn ait eu vent de l'héritage qu'allait faire Tolomelli ?

— Non, c'est impossible. N'oublie pas ce qu'ont dit les parents. Eros lui-même n'était pas au courant.

— Et si c'était tout bonnement un bon vieux crime passionnel ? reprit Deausser. Rappelle-toi l'opinion de Sanyon, le vieux barbu. Lui-même n'excluait pas franchement qu'il y ait eû entre eux autre chose que de simples relations de travail. Ce serait peut-être ça, le mobile. J'ai bien envie de retourner à la banque questionner certains de leurs collègues. Il y a peut-être des choses que l'on ne connaît pas encore.

— Tout à fait d'accord, reprit le Commandant qui venait de prendre congé du Juge. Mais il faudra attendre demain. A cette heure-ci, la banque est fermée. De plus, Si Coatascorn vous revoit dans les parages, il risque de paniquer et de nous filer entre les doigts.

— Ne serait-il pas préférable de le mettre sous surveillance ?

— Je crois effectivement que c'est une bonne solution. Le juge, je le connais, il se serait opposé à toute mise en examen en l'état actuel des choses. Une surveillance sera plus efficace. Et demain, ce sera à vous de jouer.

Le lendemain, Pascal Deausser arriva devant l'immeuble de la Banque Costarmoricaine et fut impressionné par le flot de véhicules qui sortait du parking. Jetant un œil sur sa montre, il grimaça car, à 16 h 30, il ne risquait pas de trouver grand monde susceptible de pouvoir le renseigner. Il aurait voulu arriver beaucoup plus tôt, mais il avait dû accéder à la requête du juge qui tenait à se faire une opinion personnelle et précise du dossier, et ces précisions, il les voulait de la bouche même de l'enquêteur. Deausser traversa le parking, reconnut d'un coup d'œil la voiture banalisée du service, ce qui lui confirma que Loïc Coatascorn était toujours là. Rassuré, il prit l'ascenseur et demanda le premier étage, celui des dépôts.

Quand la porte s'ouvrit, il eut un temps d'arrêt, surpris car il n'avait pas envisagé ce déroulement de situation. Loïc Coatascorn se trouvait seul devant la cabine, attendant visiblement celle-ci impatiemment avant de partir en week-end. Tout arrivait presque trop vite. Deausser décida de tenter une vieille ruse, celle du flic sûr de lui et du résultat de ses investigations. Elle donnait souvent de bons résultats car généralement, plus la ficelle était grosse, mieux cela marchait et plus le suspect devenait suspect. Il commença de la façon la plus classique possible.

— Alors, la semaine est finie ?

Loïc avait tenté de ne rien laisser paraître de sa

surprise en voyant le gendarme tout d'un coup à quelques centimètres de lui, puis il s'était rassuré en pensant que celui-ci n'avait pas pu prévoir ce brusque face à face. De plus, rien ne disait qu'il venait pour lui. La mise au point de la veille avait certainement suffi. Il répondit donc, d'une voix à peu près posée.

— Oui. Et votre enquête, j'imagine qu'elle continue ?

— Eh oui, mais plus pour très longtemps, reprit Deausser en fixant Loïc droit dans les yeux. Il s'agit bien d'un crime, j'en suis persuadé maintenant et nous sommes depuis ce matin sur une piste on ne peut plus sérieuse, désormais nous avons un signalement du meurtrier très précis. Nous avons même ses empreintes qu'il a laissées sur le blouson de la victime. Encore quelques recoupements, et nous l'aurons.

— On ne pourra plus dire que la gendarmerie n'est pas efficace, parvint à coasser Loïc, brusquement hagard. Bonne fin de journée.

Ayant pris congé et tentant de maîtriser les battements de son cœur, Loïc se dirigea d'une démarche qu'il voulait la plus assurée possible vers sa Fiat. Au volant, tout en surveillant son rétroviseur, il se persuadait de ne pas céder à la panique. Il se repassait dans la tête la phrase que Deausser venait de prononcer. « Ce n'est pas possible. Il bluffe. Il n'a aucune piste. je n'ai pas laissé d'empreintes. Personne, à part au restaurant, ne m'a vu avec lui. Il ne peut pas avoir mon signalement. Il tape au hasard en espérant que quelqu'un se déballonne. Il peut toujours courir. D'ailleurs, il ne me suit même pas. »

Loïc se trompait. A deux cents mètres de lui, deux voitures l'avaient pris en chasse. Tout d'abord, la voiture qui assurait sa surveillance, et une Clio blanche banalisée, à l'intérieur de laquelle Deausser, qui était quasiment persuadé qu'il avait réussi son petit effet, rendait compte de la suite des événements au commandant Desfontaines.

— C'est lui, mon Commandant. Il n'y a plus aucun doute. Vous auriez vu son regard quand je lui ai dit que nous étions sur une piste sérieuse. J'y ai même été au bluff avec le coup des empreintes, qui est vieux comme Hérode. Eh bien, ça a marché. En ce moment, il vole tellement il a la trouille et, tout à l'heure, s'il n'a pas fait dans son froc, c'était tout comme.

— Tout semble le désigner, au pire comme coupable, au mieux comme témoin plus qu'intéressant. Je dirais même un témoin capital. Selon vous, Où va-t-il maintenant ?

— D'après moi, il rentre chez lui. Il s'est retourné au début une fois ou deux et semble regarder fréquemment son rétroviseur, mais je suis persuadé qu'il ne nous a pas vus.

— Continuez à le surveiller, mais ne vous faites pas repérer. Ce gus peut très bien avoir des réactions imprévisibles. C'est un solitaire, donc j'aime autant que toutes les précautions soient prises. Qui nous dit qu'il n'a pas une arme chez lui ? Profitez d'avoir deux voitures pour vous poster aux deux extrémités de sa rue. Planquez et tenez-moi au courant. Terminé.

Garé juste à l'entrée de la rue Voltaire, Deausser n'eut pas à attendre bien longtemps. Dix minutes plus tard, Loïc ressortait, avec un grand sac de sport à la main et un autre, plus petit en bandoulière, et se remettait au volant. Il rappela la brigade et eut le commandant Desfontaines très rapidement au bout du fil.

— Il s'en va, mon Commandant. Nous le suivons ?

— Affirmatif. A tout hasard, je viens de prévenir les collègues de la brigade de Tréguier, comme cela, si jamais il va à Plougrescant, nous aurons des moyens déjà sur place. J'aurai préféré le coincer directement chez lui, mais tant pis. Vous le suivez et me tenez au courant. Nous arrivons.

*

De son côté, Loïc avait pris la décision de ne rien changer à son programme. Il partait ce soir à Plougrescant comme il l'avait prévu. Un acheteur sérieux devait venir à la maison vers 19 heures lui faire une offre pour sa bibliothèque en pin. Vu le prix qu'il l'avait payée, il trouvait dommage de devoir s'en séparer pour rien. Mais là-bas dans le Trégor, personne ou quasiment personne ne le connaissait, à part quelques voisins, et encore, de vue. Pour la suite des événements, il était impératif de changer ses plans. Il estimait qu'il avait déjà eu beaucoup de chance tout à l'heure que le gendarme ne se rende pas compte de son trouble.

C'est pourquoi il venait de décider de partir pour le Morvan dès que l'acheteur l'aurait réglé. Tout ce qu'il comptait amener avec lui était dans le coffre de sa voiture. En partant aussi vite, il espérait ainsi prendre tout le monde de vitesse. Son itinéraire était prêt. Il allait descendre à Nantes, longer la Loire par des routes peu fréquentées en coupant par Tours. Après, il passerait par Bourges, Vierzon, Nevers avant d'arriver à Moulins Engilbert. En roulant toute la nuit, il y serait demain matin. Il devait quand même au préalable appeler Lionel Astarac pour le prévenir de son arrivée. Il le ferait sur la route. Avec un capital de deux millions de francs, on peut quand même voir venir un certain temps.

Arrivé à Castel Meur, il laissa sa voiture à côté du portail et pénétra dans la maison. Elle était désormais quasiment vide, à part bien sûr l'imposante bibliothèque à côté de la cheminée. Elle était nue elle aussi.

Seule traînait encore une bouteille de Glenfidish qu'il avait oubliée là lors de son dernier passage. Il en but plusieurs rasades à même la bouteille. Après ces émotions, il en avait rudement besoin. Il tirait en ces instants un trait sur des tas de choses, sa région, sa maison, tout cela avait été sa raison de vivre, et il s'étonnait de conserver son calme. Il resta de longues minutes debout face à la baie vitrée. Il prit le temps de savourer une fois de plus l'imposant spectacle de la mer déchaînée se fracassant avec force sur ses rochers. Il frissonna, « les nerfs, sans doute ». Son acheteur n'allait sûrement pas tarder. En attendant, il décida d'aller chercher son VTT, ainsi que le porte-vélo, dans le garage. Il ne s'était pas résolu à le vendre, et puis, avec cet engin fixé sur le coffre arrière, paradoxalement il attirerait moins l'attention en traversant la France, car on le prendrait pour un vététiste dévoreur d'espaces naturels comme il en existe tant aujourd'hui. Entendant un bruit de moteur, il se dirigea vers la porte.

Il s'arrêta net sur le perron. Ce n'était pas son acheteur. Deux véhicules se garaient juste devant le portail, lui coupant toute possibilité de retraite. Un fourgon bleu marine et une Clio blanche. Il n'eut aucune peine à reconnaître les traits du gendarme qui hantait ses pensées depuis quelques heures déjà. « Les fumiers ! J'ai eu tort de les sous-estimer », grinça-t-il. Il rentra précipitamment, empoigna son mini-sac de sport qui lui servait pour les randonnées et dans lesquelles il avait fourré l'indispensable, à savoir ses papiers et son argent. Il se le boucla sur le dos, et se précipita dans le garage. Il enfourcha son VTT et ouvrit la petite porte de derrière qui donnait sur le jardin, et qui allait lui permettre d'accéder directement au chemin des douaniers. « Avec un peu de chance pensa-t-il, ils n'ont pas encore bouclé par derrière. Sinon, c'est cuit ».

Loïc avait vu juste. Il n'y avait encore personne dans le jardin et, quand il se précipita sur le chemin des douaniers, il entendit les exclamations fuser :

— Nom de Dieu ! Il se taille par derrière. Coince-le !

— C'est trop tard ! Il fait à moitié nuit ! Je n'y vois rien !

Loïc descendait à toute allure vers le fameux gouffre de Castel Meur. La nuit tombait doucement et, si l'étroitesse des chemins et les pièges qu'ils refermaient devenaient de plus en plus dangereux dans l'obscurité, celle-ci favorisait malgré tout sa fuite.

Ne sachant pas du tout comment était disposées les forces de gendarmerie, il décida, arrivé au bord de l'eau, de contourner l'ensemble de la pointe de Plougrescant par la droite en prenant plein est pour se rendre au petit port du Castel, en dessous du hameau et de son phare étrange. Sur la jetée, en face de la « maison des galets », il était sûr de trouver une barque, avec laquelle il gagnerait l'île Loaven juste en face, dans l'embouchure du Jaudy. Ensuite, ce serait un jeu d'enfant pour lui de traverser le Jaudy et de gagner Paimpol. Là, il trouverait sans problème un bateau en partance et il s'y dissimulerait clandestinement. Pour le Morvan, il verrait après mais, pour l'instant, il fallait faire fissa.

Tout en ébauchant à toute vitesse son plan de fuite, il arriva au bord de l'eau. Alors qu'il s'apprêtait à prendre à droite vers l'est, il entendit une sirène et vit une voiture équipée d'un gyrophare venant vers lui à toute allure de la direction qu'il se proposait de prendre, il y a encore quelques instants. Changeant son fusil d'épaule et son guidon de direction, il obliqua sur la gauche vers le soleil couchant. Il quitta très vite la route pour retrouver le sentier des douaniers. Là, aucune voiture ne pourrait le suivre. Loïc décida d'aller jusqu'à Port Blanc. Les bateaux à l'amarre y étaient nombreux et il pourrait s'y cacher. Avec un peu de chance, il trouverait des rames et gagnerais l'île Loaven comme il l'avait prévu. Il passa Pors Scaff et sa jetée sans encombres, alors que les lumières de la pension de famille située au-dessus commençaient à peine à s'allumer. Il prit le risque de traverser à découvert l'anse de Gouermel car le petit restaurant moules-frites n'était pas encore ouvert. La traversée de Buguélès ne le retarda pas. Le petit village était silencieux, comme déjà endormi, alors que sept heures venaient à peine de sonner. La peur, qui ne le quittait pas, lui donnait des ailes ; il ne fallait surtout pas s'arrêter. A Port-Blanc, il pourrait se cacher plus facilement entre les maisons et en profiter pour souffler.

Il y arriva enfin vingt minutes plus tard, après avoir pris les chemins les plus sombres et ayant risqué au moins dix fois de se rompre les os. Il reprit son souffle à l'ombre du grand hôtel face à la mer. Il n'avait plus que la route à traverser pour se retrouver sur le môle. De sa position, il pouvait voir les bateaux qui oscillaient doucement au gré des vagues. Il repéra une barque bleue suffisamment grande pour l'abriter mais assez légère pour être dirigée même sans rames. Il n'aurait qu'à détacher l'amarre et après, vogue la galère, il pagaierait avec les mains s'il le fallait. Il hésita un moment : que faire de son VTT ? C'est que son Cannondale, avec sa couleur rouge, était facile à repérer. Il décida de le cacher avec lui sur la barque.

Il allait s'avancer sur la chaussée, lorsqu'il entendit le bruit d'un véhicule qui approchait. Il recula prestement et l'ombre le dissimula à nouveau. Il était temps ! Un fourgon bleu marine passa lentement le long du quai, l'inscription « Gendarmerie » se détachait nettement sur ses flancs. Les occupants du véhicule ne le virent pas, tant ils étaient absorbés à regarder de l'autre côté, vers la mer. Visiblement, ils avaient eu la même idée que Loïc, à savoir qu'ils n'excluaient pas l'hypothèse de sa fuite en bateau. « Si cela se trouve, ils ont déjà mis des bateaux pour ratisser tout le secteur. Il me faut réfléchir sinon, je vais me faire avoir comme un bleu ». N'ayant pas pour le moment de solution, il décida de faire le point. « Si je veux avoir un peu de temps, il faut que je les envoie sur une autre piste ».

Pour le moment, afin de ne pas se faire repérer il se mit à l'abri dans l'hôtel qui n'était pas occupé à cette période de l'année. Une des portes arrière donnant sur les cuisines était délabrée, et ce fut l'affaire d'une minute pour forcer celle-ci, en se servant d'un couteau suisse qui ne quittait jamais son sac de sport quand il partait en balade en VTT.

Ayant traversé les cuisines, il déboucha dans la réception. Certaines fenêtres n'étant pas dotées de volets, il pouvait se mouvoir sans trop de problèmes, malgré la nuit qui était maintenant totalement tombée. Il appuya son vélo contre le bar et s'assit dans un des fauteuils près de celui-ci. Il se trouvait ainsi en face d'une fenêtre qui donnait sur la route et surveillait ainsi les alentours, mais il n'y avait pas âme qui vive. Port-Blanc semblait s'être endormi.

Il ne voulait surtout pas se laisser abuser par cette fausse quiétude. Il lui fallait au contraire trouver rapidement un moyen pour mettre les voiles sans risques, sinon ce petit havre de paix allait se transformer en souricière. Cherchant désespérément l'inspiration, son regard qui parcourrait inconsciemment les menus que le restaurant proposait en période d'ouverture, s'arrêta intéressé sur le plateau de fruits de mer. Soudain, l'étincelle jaillit.

Il se rua sur un annuaire qui traînait sur un coin du bar, et l'ouvrit fiévreusement. Il nota deux numéros sur deux pages différentes, écrivit le second sur un bloc et décrocha le combiné. Miracle, la ligne, bien que l'établissement fût fermé, était restée en service. Il raccrocha et se força à attendre de longues minutes, car s'il voulait que son idée soit crédible, il ne pouvait appeler maintenant. Au bout de trente minutes, il estima le délai suffisant et reprit en main le combiné.

Au bout de trois sonneries, son interlocuteur s'annonça :

— Gendarmerie de Paimpol, j'écoute.

— Bonsoir, monsieur Le Quéré, de Lanmodez. Je vous appelle, je viens d'être victime d'une agression. Ah, le salaud !

— Qu'est-ce qui s'est passé exactement ?

— Eh bien, je venais de descendre de mon bateau. Je suis mareyeur, et je revenais de faire le tour de mes parcs à huîtres, en face de Porz-Guyon. J'avais à peine posé le pied à terre qu'un grand type s'avance vers moi, avec une clé à molette à la main.

Il est resté très poli, mais il m'a demandé de remettre le contact et de m'éloigner de mon bateau. je suis pas du genre froussard, mais étant donné le gabarit du gars, j'ai préféré obtempérer.

— Pouvez-vous me le décrire ?

— Vous savez, il commençait à faire nuit. C'était un grand brun à l'air pas commode avec un sac de sport sur le dos.

— C'est tout ?

— Ben, oui, c'est tout. Ah non, j'y pense. Il avait un vélo avec lui. Vous savez, on ne voit plus que ces machins-là maintenant, des trucs pour aller partout.

— Un VTT ?

— C'est cela, un VTT. Même que le gars, il avait l'air d'y tenir. Il l'a chargé sur mon Zodiac, et il est parti à toute vitesse.

— Dans quelle direction ?

— Je ne peux pas trop vous dire, il commençait à faire nuit, mais il me semble qu'il allait vers Bréhat.

— Dites moi, il est puissant, votre Zodiac ?

— Je pense bien qu'il est puissant, je venais de mettre un Suzuki à 90 chevaux dessus.

— C'est bon, j'ai noté. Vous restez sur place, je vous envoie quelqu'un. Si jamais il revenait, cachez-vous et essayez de voir quelle direction il prend.

— D'accord, mais dites-moi, vous le connaissez ?

— Oui, Monsieur, nous le connaissons.

— Il est …il est dangereux ?

— Faites ce que je vous ai dit, Monsieur Le Quéré, et il ne vous arrivera rien. Nous arrivons.

Loïc raccrocha, réfrénant une envie de hurler de joie. Cela avait marché !

Les fruits de mer sur la carte du restaurant lui avait donné l'idée de faire croire à une fuite possible par la mer. Il avait choisi Lanmodez, trouvé les coordonnées d'un mareyeur sur l'annuaire, et avait appelé la gendarmerie de Paimpol, espérant qu'elle aussi soit associée à sa recherche. C'était le cas. « Encore heureux qu'il ne le connaissait pas, le fameux Le Quéré. Sinon, j'étais mal ».

Loïc décida d'attendre encore, le temps que les forces lancées à sa recherche convergent vers Lanmodez. Il souriait, en pensant à la tête des gendarmes cherchant désespérément une victime qui ne risquait pas d'être au rendez-vous.

Cependant, il ne s'agissait que d'une toute petite victoire, d'un léger répit, tout au plus. Avec son vélo, il ne risquait pas d'aller bien loin. Voler une voiture ? C'était toujours possible, bien sûr. Mais inexplicablement, la solution ne le tentait pas. Cela ressemblait trop à de l'improvisation, et cela, il ne le voulait pas. Après réflexions, il décida de revenir à sa première idée. « Ma voiture est prête, le plein est fait, il ne sera pas difficile de maquiller la plaque d'immatriculation avec un peu de boue. De plus, je suis persuadé que maintenant, ils sont en train de galoper vers Paimpol et ils ont dû relâché la surveillance ».

Par mesure de sécurité, il changea d'itinéraire et rentra par les chemins de terre. Bien que connaissant ces routes, il eut du mal à se repérer dans l'obscurité, mais il ne rencontra personne. Il arriva donc à bon port aux abords de Castel Meur. Il déposa son VTT dans un fossé et s'approcha de la maison. En ayant prudemment fait le tour, il se rendit à l'évidence. Les gendarmes étaient sur leurs gardes, car il restait, à côté de sa Fiat, une Clio blanche devant son portail avec un uniforme à bord qui ne faisait même pas mine de se cacher. « Visiblement, personne ne s'attend à ce que je revienne par ici ». Par mesure de sécurité, il décida quand même de faire le tour de sa maison. Il n'y avait personne d'autre que ce brave gendarme resté en couverture. Il fallait le neutraliser.

Il ressortit de la maison par l'arrière et, ayant fait un large crochet, il se retrouva à une vingtaine de mètres du véhicule de la gendarmerie. Ramassant au passage un solide gourdin qui traînait par là, il rampa lentement jusqu'à la voiture. Il se voulait le plus silencieux possible, mais ses coudes, ses genoux et ses pieds raclaient feuilles mortes et gravillons. « Je ferais un piètre Cheyenne », grinça-t-il. Heureusement, le bruit du vent dans les arbres étouffa son approche. Il se retrouva ainsi caché par la roue arrière de la Clio. Ses doigts rencontrèrent un silex de taille respectable. Il sourit dans le noir et, sans hésiter, lança son projectile plusieurs mètres devant la voiture.

La réaction de l'occupant ne tarda pas. Il s'éjecta de la voiture, fit un premier pas, mais ne put en faire un deuxième, car Loïc lui avait saisi la cheville et le déséquilibra, et il alla voltiger la tête la première dans un tas de cailloux qui jouxtait l'entrée du portail.

— En rugby, on appelle ça une cuillère, énonça Loïc qui s'était relevé et tenait son bâton à la main.

— Ne bouge surtout pas !

La précaution était inutile. Le gendarme s'était bel et bien assommé tout seul. Loïc, sans perdre une seconde, récupéra les clés de la Clio, enferma l'assommé dans le coffre, et rentra la petite Clio dans son propre garage. Il arracha le combiné du radio-téléphone, ferma le garage à clé, et se dirigea vers son véhicule. Quelques instants plus tard, le bruit du moteur troublait la quiétude de la soirée. Loïc partait vers son destin.

Épilogue

Loïc s'étendit sur son lit de tout son long, et croisa les mains derrière sa nuque. A 23 heures passées, les bruits venant de l'extérieur de la maison d'arrêt de Saint-Brieuc avaient pratiquement tous cessé. De toutes façons, à partir de 17 heures, le CES Racine, établissement qui n'était séparé de la prison que par une petite rue était désert, les collégiens emmenant toute forme de vie avec eux. A l'intérieur aussi, le calme s'installait progressivement. La nuit allait l'emporter.

Pour Loïc, ce n'allait pas être une nuit comme les autres. Son procès devant la Cour d'Assises de Saint-Brieuc allait connaître son épilogue demain. La sentence allait être prononcée, et il allait passer de la détention préventive, où on le maintenait depuis plus de dix-huit mois, à la véritable détention. Celle des jurés, du tribunal, de la justice.

Dix-huit mois, déjà. Le temps avait vite passé depuis son arrestation. Il s'en souvenait comme si c'était hier. Il se revoyait encore descendre par les petites routes vers la Loire, ainsi qu'il l'avait prévu.

En passant par Penvénan, il était descendu par Bégard afin de contourner Guingamp. Puis Gurunhuel, Bourbriac, Saint-Gilles-Pligeaux, Corlay et Mur-de-Bretagne avaient défilé tout au long de son parcours. La nuit était noire. Loïc se sentait bien, mais encore sur les nerfs, il n'avait pas la moindre envie de dormir. Il n'en revenait pas d'être ainsi passé au travers des mailles du filet et voulait profiter de sa chance au maximum. « Quand je serai arrivé au niveau d'Angers, je m'arrêterai dormir un moment ».

Pontivy, Josselin, Ploërmel, Guer, Bain-de-Bretagne, Loïc circulait maintenant sur des routes quasi désertes, loin des grands axes où, le supposait-il, policiers et gendarmes devaient l'attendre. Chateaubriand, Pouancé, Segré, Le-Lion-d'Angers. Loïc, au moment où, après avoir contourné Angers, prenait la direction de Saumur, sentit brusquement le poids de la fatigue peser sur ses épaules. « Tout cela fait beaucoup d'émotions. Je vais dormir une heure ou deux ». Ayant engagé sa voiture sur un petit chemin de traverse, il coupa le moteur, s'enroula dans un sac de couchage, et ferma les yeux.

Seulement, le sommeil tant espéré ne vint pas. Des images défilaient devant ses yeux, celles d'Eros chantant *Amsterdam* les bras écartés. Eros assommé tombant de son rocher, Eros écrasé sur le sol face contre le sol. Un sentiment inconnu commençait sournoisement à s'insinuer en lui, comme une certaine forme de remords qui n'arrivait pas à dire son nom. Il mit tout d'abord cela sur le compte de l'émotion, du manque de sommeil, puis il se rendit compte que, quelle que soit la façon dont il prenait le problème, il n'arrivait plus à trouver de justifications pour son acte. Plus grave encore, il ne se sentait plus le courage de se trimballer avec ce cadavre dans son placard. Bien sûr, avec l'argent qu'il avait mis à gauche, il pouvait voir venir pendant un certain temps, mais voir venir, pour quoi faire ? pour avoir la trouille au moindre coup de sonnette, pour trembler dès que le téléphone sonnerait ?

Et puis, rien ne lui disait que Lionel Astarac allait l'accueillir de bon gré. Lionel ne voyait pas d'inconvénients à héberger quelqu'un qui avait besoin de faire le point, mais si ce quelqu'un s'avérait être un assassin, comment allait-il réagir ? Car il ne faisait aucun doute que l'identité et le signalement de Loïc seraient désormais diffusé partout dans les médias. « Et même s'il était d'accord, je lui ferais quand même courir un sacré risque ». Bien sûr, Loïc avait analysé tout cela avant de se lancer dans l'aventure, mais maintenant il était beaucoup moins sûr de lui.

Le jour était maintenant levé, mais Loïc grelottait de froid. La fatigue, les doutes. Que faire ? Poursuivre sa route ? Loïc, comme un automate, lança son moteur. « Il faut que je me réchauffe, je vais bien trouver un café ouvert dans le coin ».

Ayant quitté la RN 147 à Beaufort-en-Vallée, il passa la Loire et décida de s'arrêter à Gennes. Mais il était encore tôt et les bistrots n'étaient pas encore ouverts. Loïc décida alors de continuer jusqu'à Doué-la-Fontaine, distant d'une vingtaine de kilomètres. « Au point où j'en suis, je peux encore attendre un quart d'heure », soupira-t-il.

C'est alors que le destin se manifesta. A la sortie du village, sur la route de Doué, se dressait un édifice bardé de drapeaux tricolores et arborant l'enseigne lumineuse « Gendarmerie Nationale ». Dans d'autres circonstances, Loïc ne lui aurait même pas adressé un regard, mais voilà qu'une vieille dame traversait le passage clouté devant lui l'obligeait à ralentir, à s'arrêter. Le moteur s'arrêta, et ne voulut rien savoir. Loïc, affolé, ne se rendit même pas compte que la jauge d'essence avait atteint le point le plus bas. Panne sèche ! Devant la Gendarmerie ! Des larmes lui montèrent aux yeux. « C'est pas vrai ! Pas ça ! ». Il dut se résoudre à pousser sa Fiat sur le trottoir. Il venait à peine de terminer sa manœuvre et se penchait à l'intérieur de l'habitacle pour récupérer son portefeuille quand il entendit une voix derrière lui.

— Vous êtes en panne ?

Il se retourna. Deux gendarmes lui faisaient face. Ce n'est pas qu'ils avaient l'air soupçonneux, mais Loïc se sentit devenir tout blanc, ses jambes ne le portaient plus.

— Ça n'a pas l'air d'aller ? Vous êtes tout pâle !

Loïc vit une sorte de suspicion prendre place dans les yeux des deux gendarmes. Il leur tourna brusquement le dos, regarda de tous ses yeux les abords de la Loire qui s'éveillaient, une sorte de brume qui se levait, les bruits du petit matin, sans doute était-on un jour de marché ? « Je n'oublierai jamais cet instant » décida-t-il, et il leur refit face, brusquement rasséréné.

— Je m'appelle Loïc Coatascorn, je pense que vous devez avoir un avis de recherche me concernant. Je viens me rendre. Je préfère que tout cela s'arrête maintenant. J'ai fait assez de conneries comme cela.

Tout s'était ensuite déroulé très rapidement, mais Loïc ne s'était plus départi de cette sérénité qui l'avait envahi au moment où il avait pris sa décision. Il avait fait le bon choix, il ne se sentait pas de taille à affronter la clandestinité, la fuite en avant perpétuelle. Il avait commis une faute, il allait s'expliquer, il paierait son dû à la société, les choses allaient rentrer dans l'ordre.

L'univers carcéral n'entama pas cette conception de son futur immédiat. Les premières tentatives d'intimidation de la part des autres codétenus n'eurent guère de suite. Il est vrai que ses silences glacés, sa carrure de gladiateur, et la réputation dont il était désormais pourvu avaient rapidement refroidi ceux qui avaient tenté de le racketter d'entrée. il voulait être seul, on le laissa seul.

Par contre, le déroulement de l'instruction lui réserva une drôle de surprise. Quand il fut question de détailler les mobiles du crime, Loïc dit, en toute bonne foi, qu'Eros avait découvert qu'il détournait de l'argent de la BC, que tout dans son comportement indiquait qu'il s'apprêtait à le faire chanter, et qu'il avait préféré prendre les devants. Stupeur du juge.

— Mais je n'ai jamais entendu parler de cette histoire de fraude. Quel montant ?

— Oh, je pourrai vous le dire précisément, mais cela dépassait les deux millions de francs. Eros m'avait découvert et voulait sa part du gâteau.

— Cela m'étonnerait ! contra le juge. Eros Tolomelli, d'après les éléments recueillis sur lui, était dans une situation financière certes un peu difficile. Mais c'était fini.

— Fini ? Comment cela ?

— Vous ne saviez pas qu'il venait d'hériter de son oncle en Italie ? Un gros héritage. Il n'avait pas besoin de vous faire chanter, il allait être beaucoup plus riche que vous.

Loïc eut l'impression qu'un mur s'écroulait sur sa tête. Pour rien, il avait fait cela pour rien. Il s'était trompé du tout au tout sur Eros, qui n'avait rien découvert, et qui ne recherchait que son amitié. Le vertige et la nausée le prirent, il était au bord de la syncope.

— Pardonnez-moi, Monsieur le Juge. Je ne me sens pas bien. Je voudrais être seul.

Le juge comprit ce qui ce passait à l'intérieur de sa tête et le laissa regagner sa cellule. Il ne saurait sans doute jamais que c'était au prix d'une erreur d'instruction. Eros était mort avant d'avoir su qu'il avait hérité de son oncle, que Loïc venait paradoxalement d'apprendre « la vérité sur Eros et son honnêteté ».

Cette vérité, Loïc mit plusieurs mois à la digérer. Il s'était fait à l'idée de payer pour le meurtre d'un maître-chanteur potentiel, mais pas pour celui d'un innocent. Le tarif n'était plus le même, et sa conscience le laissa de nombreuses nuits sans sommeil. Celui-ci ne revint qu'à partir du moment où, se regardant dans la glace de sa cellule, il se décida :

« OK, ce que j'ai fait est ignoble et n'avait en fait aucune justification valable. J'ai tué gratuitement, sans le savoir certes, mais gratuitement. J'assume. J'avais décidé de tuer, alors j'assume. Je paierai le prix qu'il faudra. Il le faut. »

Cette sérénité revenue, il la sentait encore en lui cette nuit dans sa cellule de Saint-Brieuc. Une scène du film *Usual Suspects* lui revint en mémoire, quand le flic s'adressait au prévenu de la façon suivante : « Quand tu as trois suspects qui dorment en taule, celui qui dort le mieux, c'est toujours l'assassin, car lui sait à quoi s'attendre, et pas les deux autres. Le matin, tu sais qui est l'assassin ». En voyant le film, il n'avait pas bien compris ce que le cinéaste voulait dire. Ce soir, il comprenait. Les dés étaient jetés, ils roulaient. Demain, à l'audience, ils s'arrêteraient. Sur quel chiffre ? L'avocat, un grand maigre postillonnant et bredouillant, avait fait un pronostic :

— Vingt ans maximum. Vous n'avez pas beaucoup de circonstances atténuantes, sauf le fait que vous vous soyez rendus, et d'avoir éprouvé des remords pendant l'audience. Les jurés estimeront sûrement que vous êtes réinsérable dans la société, mais cela suffira-t-il ?

L'avocat avait raison. Le lendemain, Loïc prit vingt ans. Il décida de ne pas faire appel. A son avocat consterné mais pas vraiment surpris, il expliqua :

— J'ai besoin de payer ma dette pour être en paix avec moi-même. C'est mieux comme cela.

Quadri Signe - Editions Alain Bargain
125, Vieille Route de Rosporden - 29000 Quimper
Dépôt légal n° 1 - 1er trimestre 1999
ISBN 2-910373-60-6 — ISSN 1281-7813
Imprimé en France